中层突围

郭心刚　孙军正◎著

中国财富出版社有限公司

图书在版编目（CIP）数据

中层突围／郭心刚，孙军正著．—北京：中国财富出版社有限公司，2023.6
ISBN 978 - 7 - 5047 - 7867 - 3

Ⅰ.①中…　Ⅱ.①郭…②孙…　Ⅲ.①管理学　Ⅳ.①C93

中国国家版本馆 CIP 数据核字（2023）第 105112 号

策划编辑	周　畅	责任编辑	邢有涛　刘康格	版权编辑	李　洋
责任印制	梁　凡	责任校对	卓闪闪	责任发行	杨　江

出版发行	中国财富出版社有限公司		
社　　址	北京市丰台区南四环西路 188 号 5 区 20 楼	邮政编码	100070
电　　话	010 - 52227588 转 2098（发行部）	010 - 52227588 转 321（总编室）	
	010 - 52227566（24 小时读者服务）	010 - 52227588 转 305（质检部）	
网　　址	http://www.cfpress.com.cn	排　版	宝蕾元
经　　销	新华书店	印　刷	宝蕾元仁浩（天津）印刷有限公司
书　　号	ISBN 978 - 7 - 5047 - 7867 - 3/C·0241		
开　　本	710mm×1000mm　1/16	版　次	2023 年 7 月第 1 版
印　　张	12.5	印　次	2023 年 7 月第 1 次印刷
字　　数	173 千字	定　价	45.00 元

前　言

　　"中"这个字有许多意义，它既位于上与下之间，又有中和、中庸之意。在我国河南，"中"又是好的意思。中国的"中"则更加意义深远，它渗透着传统与现代哲学的内涵，又兼带民族气息，是一个包容的、集大成的字符。

　　中层领导同样如此。位置上，他是承上启下的，是单位的中流砥柱、中坚力量；职责方面，他需要沟通传达、安排布置，是单位的管理者和执行者。中层既是领导，又是员工……这个特殊的身份在企业里显得非常重要，甚至有企业家说："赢在中层。"

　　笔者认识一家大型企业的领导，这家企业近几年效益不太好，人才流失非常严重。他一度陷入迷茫：市场环境也算稳定，好好的一家企业为什么会这样呢？事实上这家企业的领导架构非常有趣。董事会成员是清一色的创始人家族成员，七大姑八大姨皆是企业股东。有朋友对他说："中国式的家族管理才是软肋。"随后这个领导进行反驳："我们家族非常团结，管理响当当！"如果是这样，问题出在哪里呢？

　　恐怕大家猜出来了——问题出在中层！这家企业中层领导数量不少，可是这些中层领导都在做什么呢？有一个员工说："我们的中层领导嘴巴很甜，就是不做事！"言外之意，这些中层领导在其位不谋其政，简直是靠"嘴甜"混日子。

后来这位领导经过调查，发现了这一原因。他当机立断，辞退了几个混日子的中层领导，提拔了几名年轻有朝气、责任心强的员工成为新的中层领导，企业转危为安，效益也有了大幅度提高。由此可见，中层领导是企业的"神经"，是传达决策和布置任务的关键，中层"生了病"，一个企业就很难生存了。

那么，怎么才能成为一名好的中层领导呢？一名好的中层领导，既应具备好领导的素质，又应具备好员工的素质，还应具备承上启下良好沟通的协调能力。关于中层的所有内容不是一本小书可以容纳。笔者能力有限，在这里，笔者与大家分享的，是在实践中体会较深的好中层的五个方面的要求。

第一方面，要有位置感。只有明确自己的位置，才能明确职责。

第二方面，要起到中流砥柱的作用。挺起企业的腰板，腰板硬，企业才能立足市场。

第三方面，要懂管理。设定目标、设计流程和管理绩效体系，是中层的必修课，功课到位了，管理才能跟上脚步。

第四方面，要会沟通。中层是一个组织的神经，只有良好沟通，才能够起到承上启下、贯穿始终的作用。

第五方面，要懂得采用激励下属的方法打造团队。团队强，执行力才强。

在此，笔者要特别感谢出版社编辑的鼎力支持和帮助，如果没有他们，也就没有这本书的问世。

目　录

Part 1　好中层要明确自我定位

Part 2 好中层要成为中流砥柱

Part 3 好中层要践行"三大"管理

Part 4 好中层要做到顺利沟通

Part 5　好中层要善于激励

Part 6　好中层要带好队伍

——————— Part 1 ———————

好中层要明确自我定位

第一章

明确自己的定位和使命

1. 好中层的三大认知角色

中层到底是一个怎样的角色呢？对此每个人都有自己的看法，答案也五花八门。有一位中层认为，中层有时候是"夹心饼干"，有时候是"轴承"，有时候则是"桥梁"。"夹心饼干"这个形容很有趣，中层的上层是领导，得罪不起；中层的下层是员工，也得罪不起。对于中层而言，得罪了领导，自己的工作难做；得罪了员工，没有人去执行一样令自己难做。因此，坊间对中层有三苦之说：第一苦，领导不信任；第二苦，员工不支持；第三苦，同级不配合。这三苦常常让中层"苦"不堪言，甚至有"苦"难辨。这些"苦"，一方面是职位所赋予的，另一方面是中层自己有问题。一个优秀的中层，不应该是"夹心饼干"，而应该是"轴承"，或是一座桥梁，要在工作中起到关键作用。

某销售公司有一个人叫老徐，他从事销售工作20多年，销售经验非常丰富。后来，他被提拔为该销售公司的部门经理，是个名副其实的中层。

上任伊始，他就面临一个重要的挑战：到底该以怎样的形象面对自己的老同事、老战友呢？他犯了难，自言自语道："虽然我是他们的领导，可是他们有的资历比我老，我总不能用命令的语气安排他们工作吧？如果我不能用命令行事，我这个领导不就成了摆设？"职位的变化，让他有些无所适从。但是老徐有个特点，他能够虚心向别人请教。他有一个老同学，是某公司的中层。老同学对他说："老板让你做中层，就是信任你，把一部分责任交给你，让你去指挥。你发出的命令，不是你的命令，而是老板交代的任务。这样一想，发出命令就变得容易了。"

按照朋友的方法，老徐并没有急于求成，而是采取任务分解结合业绩的管理方式进行统筹管理。如果触犯制度，有制度约束，如果没有完成任务，有任务指标绩效去限制。除此之外，老徐善于沟通，与下属打成一片，与上级更是配合有致，没想到上任一年就取得了不错的管理成绩。

笔者认为，一个优秀的中层应有三大认知角色，中层只要把握好这三大角色，就能把自己这场"工作戏"演好。

第一个角色是执行者。中层同样是打工人，这一点与基层员工是一样的。说白了，中层就是职位高一点、薪水多一点的员工而已。中层的职责，就是帮助领导分担责任，做领导的助手，协助领导开展工作。原则上，中层只接受直属领导的指令，不受其他领导的指挥。但是要切记一点：做领导的左右手，而不能做领导的左右脑。

第二个角色是领导者。中层也是领导，有自己的团队。作为某一个区域的负责人，中层要有领导者的样子，要管理好自己的下属，让所管理的团队发挥重要作用。许多中层会犯同一个错误：瞎指挥。领导要讲究策略，更要讲究艺术，借助一些科学管理方法管理团队，才能让团队成员更加团结。

第三个角色是激励者。笔者年轻的时候，遇到过一个优秀的中层，他总能用各种各样的激励方式，鼓励团队成员完成看起来不可能完成的事情。激励方式有两种，一是物质激励，二是精神激励。好中层善于鼓励自己的下属，充分发挥下属的能动性，实际工作中，这样的管理方式省心省力，效率更高。

只要能够明确自己的职责，演好自己的戏份，就能够成为胜任角色的优秀中层。

2. 好中层的"三承三启"

有人说："给人以恩惠，应该先淡后浓，假如先浓后淡，就容易让人忘记你的恩惠；给人施威风，应该先严后宽，假如先宽后严，就会让人抱怨你冷酷无情。"中层是站在"天平中间"的一群人，不管外界往哪一个方向添加砝码，中层都应该让天平保持平衡。如果这种"力度"掌握不好，便会让天平失衡。有人说："别人怎么对待我，我就怎么对待别人。"如果上司是严厉的人，难道中层也要严厉地对待下属吗？一个优秀的中层，应该是"变压器"，不管上面施加的压力有多大，都能让自己的下属释放压力，让他们卸下思想包袱、轻装上阵；优秀的中层还应该是"避震器"，把下属的牢骚、抱怨理解成建议，并想方设法解决问题。中层既然位于中间环节，必然像人的腰部，既要支撑身体，又要保持平衡。中层还要做到上传下达、以点带面。一个优秀的中层，必须起到"三承三启"的作用，只有这样，才能为企业打开局面。

第一，承上启下。所谓承上启下，就是接续上面的，引起下面的。中层因为位置上的特殊性，必须承担这样的责任。承上启下还有一层意义是砥砺奋进、继往开来。中层领导是老板的下属，是老板的左右手，是一名普通的执行者而已。那些整天想着与老板叫板，或不服从老板管理的中层领导，是没有市场的。中层领导，对其他中层是一个协作者，一个中层领导就像一个汽车零部件，所有的零部件一起配合，汽车才能开动起来。对于员工，中层领导要起到教练员的作用。这里所说的教练员，要言传身教，不能只靠嘴巴和制度，要以理服人、以德服人，只有恩威并重，才能带好队伍。

第二，承前启后。有时候人们把中层看作"信号放大器"，目的在于让中层领导积极创新，取得新进展。所谓"承前"，就是把前面的工作协调好，尤其是做好跨部门的协调与沟通，可以把它看作"面子"。所谓"启后"，有两层意思，一个是后面的管理，另一个是后勤保障。俗话说："兵马未动粮草先行。"保障具有重要意义，可以把它看作"里子"。前后都衔接好了，既有面子又有里子。

第三，承点启面。这里的"点"指的是员工。员工如同点点星火，只有让这些"点"燃烧起来，才能有燎原之势。这里的"面"，特指部门。员工干活有积极性，执行力强，自然会把"面"带动起来。如果每一"面"都做到位了，企业的这个"身体"自然就是健康的、强壮的。如果再延伸一下，"点"还可以是某一个单项任务，把每个"点"做好了，也就能顾及全局，给企业带来巨大的回报。中层领导既是"点"上的助燃师，又是"面"上的催化师。优秀的中层领导就要对"点"进行强化，把"面"做好。

有句管理名言是这样的："高层管理者做正确的事，中层管理者正确地做事，执行层人员把事做正确。"中层领导应对自己重新进行一下定位，然后去"正确地做事"。

3. 好中层的三个历史使命

过去有一名企业家说："中层是企业中很特殊的一个群体，既承上启下，又是中流砥柱，是桥梁，还是'关键先生'，如果把高管比喻成汽车方向盘，中层就是发动机。这个群体十分重要。"有一些人把中层看作"夹心饼干"，认为中层上下压力大，甚至经常苦不堪言。其实，这是工作岗位所赋予的，是一种责任。做好一个中层很不容易，它需要掌握很好的平衡度。所谓"平衡度"，是指中层作为下属与上司的分量要尽量保持一致；不要议论自己的上司，也不要打击下属的积极性。有一些中层领导，对这个度拿捏得非常好。他们更多把自己当成一种纽带，除了上传下达，更是让两面保持互动、和谐。许多人把中层看成一个"和事佬"的角色，认为中层是企业的灭火器和消防栓。

现在，人们常常提到一个词，叫"一岗双责"，什么是"双责"呢？第一个责任，是对部分新的业务工作负责，业务要发展，管理要到位。这是岗位存在的理由，是必须要做好的。第二个责任，是做好思想工作，确保组织在健康正确的方向和轨道上前进。"一岗双责"不是最近流行的词汇，它已经被企业成熟推广了许多年。因此，中层领导不论身处哪家企业，都应该把"一岗双责"牢记在心，两手都要抓，两手都要硬。现在，几乎所有企业单位，都在讲作风，作风是什么呢？它不是简单的工作风格，而是一种态度、一种责任心、一种历史使命感。笔者看来，一个优秀的中层领导有三个历史使命，只有这些做到位，才能给企业、领导和员工一个圆满的交代。

第一个历史使命：提高管理质量和管理效率。中层领导也是人，每个人都有自己的管理风格。有的人强势一点，有的人温和一点；有的人计划详细到天，有的人比较随意。不管中层领导选择哪种管理风格，首先要提高管理质量。如果管理松散，缺乏管理手段，只是靠下属自觉，是一件非常危险的事。中层领导要想坐得住、坐得稳，要想办法提高自己的管理能力。管理能力到位了，才能提高企业的管理质量和管理效率，保障企业正常运行。

第二个历史使命：防止重大责任事故发生。关于这一点，可能有些人会反驳。曾经有一名中层领导质疑："重大责任事故应该由高层领导或者事故责任人担责，为何还要把中层领导拖下水呢？"重大问题的发生，常常是许多问题的集中表现，很难把责任集中在一个人身上。因此，中层要把责任意识印在自己的脑海里，不要遇到重大问题就推卸自己的责任，强调："这事与我无关，我是无辜的。"中行有位老领导把中层看作一道围墙，墙里面是企业核心利益，墙外面就是悬崖峭壁。防止重大责任事故发生，就是要人人树立起"砖头"精神，既要做最结实的那一块，又要做立起联防阵地的那一块。

第三个历史使命：降低管理成本。笔者把这一条放在最后，是考虑到这一条完全是优化后的管理结果。企业老板任用中层领导，除了想让他们起到中流砥柱的作用，还要通过他们为企业降低管理成本。一个上市公司的老总说："居高不下的管理成本是制约企业发展的关键因素，因此我们要想尽办法降低管理成本，提高管理效率，让效益最大化。"员工靠自己的体力劳动有所得，中层领导要想办法让员工提高劳动效率，为企业创造更多利润。降低管理成本的方法很多，这里不一一赘述，希望广大中层领导在工作之余，常常思考这些内容。如果中层都能够帮助企业解决问题，将是企业老板的最大幸运。

4. 有"管责"不要有"官瘾"

在一个企业里，中层是"兵头将尾"，"将尾"也是将，中层在工作中要善谋善做带头冲，责任所在天经地义。关键是如何看待"兵头"，即中层在严格意义上算不上"官"？中层千万不要把自己当官看，更不能染上"官瘾"。

古代有这么一个人，他在某县做县丞。这个县丞官瘾很大，出门进门八抬大轿，甚至连上轿都要踩着仆人的肩背。这个县丞有一个外号叫活阎王。这个绰号是当地老百姓给他起的，他当官为非作歹，制造了许多错案冤案。老百姓敢怒不敢言，每每见了他的大轿便躲。有时这个县丞犯了官瘾，竟然私设衙门进行断案。

后来这个县丞被地方抚台传唤，他意识到出了问题，便带着数百两金银财宝来到抚台官邸，企图贿赂抚台。这个抚台刚正不阿，非要查办他。于是县丞被捕，并交给县衙治罪。得知县丞被抓，许多百姓拿着状书告县丞，希望县令从严处置这个活阎王。

"官瘾"如同烟瘾，一旦染上难以戒除，对思想的腐蚀是非常严重的。有些中层干部"瘾"越来越大，以致忘掉初心，背离纲纪，做社会的蛀虫。有些干部喝好酒，抽好烟，住好店，坐好车……攀比心越来越重，最后完全偏离了人生航线。笔者认为，"官瘾"的危害有三个。

其一，"官瘾"让中层丧失做人的基本底线。

"官瘾"是一味药性猛烈的毒药，一旦沾染，将会逐渐丧失做人的基本道德和底线，会给社会和企业带来严重危害。

其二，"官瘾"让中层丧失服务大众的公仆心。

笔者在职场工作多年，发现了一个有趣的现象。越是高层，"官瘾"越小。有些中层领导，官衔不大，"官瘾"不小。这些中层领导凌驾于权力之上，什么事都交给他人打理，下属做不好就去批评，久而久之大脑已经退化。他们失去了服务意识、工作动力，脑子里只剩下官位、"官威"。没有了公仆心，就容易堕落、腐败，最终被社会或企业所唾弃。

其三，"官瘾"凸显"官本位"思想。

有人认为做官有三个好处：一是做官可以出人头地、光宗耀祖，一人当官，全家光荣，甚至认为"一人得道，鸡犬升天"；二是做官者有权，有权也就有钱；三是做官有脸面，他人高看一眼，自己能产生高人一等的优越感，由此跻身达官贵人的世界。这无一不是"官本位"思想的体现。

乍一看，做官真不错，有权，还有面子，内外都散发着金光，简直是一件很完美的事情。然而，当官的犯了"官瘾"，如同组织犯了心脏病，对组织是有百害而无一利。"官瘾"越大，警惕心也就越低。丧失了警惕，心灵滋生了病菌，害人更害己。中层还是应该看淡官位，把这当成一种赐予和奖励。中层只有摆正位置、常怀感恩、低调做事、树立正确的价值观，才能够成为领导眼中的好员工，员工心目中的好领导。

第二章

把握分寸，自我管理

❦

1. 自我约束：员工看中层

孔子说："其身正，不令而行；其身不正，虽令不从。"人们常说，身正不怕影子斜。那些身子不正、自我约束力差的人，不但在工作上力不从心，而且常常被人指指点点。笔者记得某企业有一个中层，总是爱贪小便宜。员工们常常在他背后议论纷纷，时间久了，这个中层失去了威信，也失去了好形象，最后连工作也失去了。还有一些中层，迟到早退，打着各种幌子办私事。笔者发现，员工十分关注中层的一言一行。中层的缺点一旦被员工发现，自然就会成为员工茶余饭后的话题。笔者在银行工作几十年，看过一些不自律的中层，他们大多没有好结果。

管理大师彼得·德鲁克提到较多的两个词是"目标管理"和"自我控制"。所谓目标管理，就是让绩效变得更有方向，这种方向是清晰明朗的。所谓自我控制，其实就是自我管理、自我约束。古人把自律当成治国平天下的工具。自律是一种修养、一种智慧。那些耍小聪明的人、投机取巧的人大多是怎样的下场呢？自我约束不到位、作风不好的人又有怎样的下场呢？他们的人生都很失败。有些中层为了所谓应酬，常常喝得东倒西歪，丑态百出，有些中层因为喝酒，产生酒精依赖的心理，更有甚者喝坏了身体，影响工作。更为可笑的是，这类中层，常常将酒量与管理水平画等号，认为酒瓶就是水平，仔细想一下，这是多么肤浅的认知！古人饮酒大多"行于礼，止于礼"，喝酒是为了增进感情，而不是为了灌醉一方。古人云："君子责己，小人责人。"通过这句话就可以看出，哪一种人是真君子，哪一种是真小人了。严于律己，不是做给别人看的，而是做给自己的。

某行的分行监察部主任老朱，在内控管理年严格要求自己，通过提升自身修养，为他人起到示范带头作用。

老朱说："过去我们常说，监守就怕自盗。许多人，要求别人可以，但是从来不要求自己，这是绝对不行的！"老朱认真履行纪检监察、内控案防和安全保卫工作，完善和落实党风廉政建设制度，加大案件风险排查和检查工作力度，强化内控合规文化建设，确保了全行内控案防工作的健康、有序开展。

不仅如此，他还从"重教育、夯基础、强排查、抓评价"四个方面入手，树立同业、系统内典型案例，并以员工行为"禁止性"规定、职业操守为主要内容，举办了一系列的警示教育活动，取得了极好的反响。除此之外，工作上，老朱能够严格按照规章制度办事；公私问题上，坚持克己奉公；是非问题上，坚持实事求是；与同事相处，以诚待人；在信访检查中，他能够坚持亲自查办，对细小问题做到逐一核实，做到反映问题不偏不倚，客观公正。正因如此，老朱深受下属爱戴，同时通过严明执纪，对员工起到了示范作用。

自律是一面镜子，这面镜子能够清晰地反映出一个人的问题。借助这面镜子，中层要学会自省，改掉身上存在的问题。《菜根谭》有云："自天子以至于庶人，未有无所畏惧而不亡者也。上畏天，下畏民，畏言官于一时，畏史官于后世。"人不仅要自省，而且要有"敬畏"之心。如果中层能够做到这样，就不会被自己的下属议论了。

2. 自我管理：老板看中层

管理大师彼得·德鲁克在《21世纪的管理挑战》中指出：像拿破仑、达·芬奇、莫扎特这样的伟大人物都是深谙自我管理之道的，这在很大程度上是他们功成名就的源泉。由此可见，自我管理是非常重要的，而且不应是某些领导的特有标志。事实上，更多的人是从自我管理逐渐变为管理别人的。

老彭1994年进入某银行工作至今，先后在分行营业部和某支行等的基层岗位工作20多年。无论在哪个岗位，他都以银行的事业发展为己任，脚踏实地，勇于担当，敢为人先，始终奋战在业务的第一线。后来老彭到嘉兴分行贸易金融部工作，带领员工以做"贸易金融的领先行、跨境业务的首选行、创新业务的特色行"为目标，紧盯同业，采取有效措施，当年成功夺回国际结算市场份额第一的地位。

老彭业务出众，他高度重视本、外币资金池业务拓展，多次拜访省、市人行跨境办和外汇局，沟通客户跨境人民币资金池和外汇资金集中运营备案进展，频繁到支行进行现场辅导培训，增强营销人员对资金池业务的认知度，并协助支行逐户上门对目标企业进行营销，取得重大突破。某集团相关业务成功获得省人行备案后，为分行带来跨境业务量 7.22 亿元；另一集团成为全省首家本、外币资金池同时获得成功备案的跨国公司，也开创了分行授信份额处于劣势的跨国集团"以小博大"的先河。

为了配合总、省行流程优化工作，老彭组织开办了流程优化小讲堂，持续两个半月，每周利用一个中午，对贸易金融从业人员进行国际结算与国内结算业务培训。组织开展多项培训，全年共开办培训班10 个，培训 983 人次，培训面覆盖 60 个机构。部门内部推进轮岗机制，充实产品经理队伍，培养业务多面手。

自我管理到底是什么呢？自我管理的内容有许多，对于一名中层管理者而言，应该站在企业和老板利益角度去适应和求变，让自我管理变得更加有目的性。笔者认为，自我管理应该从三个方面进行。

第一个方面是价值观。价值观直接决定行动结果。许多人把树立正确价值观当成实现自我管理的第一要素。树立正确的价值观，就能够匡扶自己的工作行为，并养成良好的工作习惯。因此，中层要有一个正确的核心价值观，不管身处怎样的环境，都能够做出正确的选择。第二个方面是科学管理时间。时间是有限的，时间贵如黄金，浪费时间就等于浪费金钱。中层应该有效利用时间，树立正确的时间观念，根据自己的目标，制订具有时效性的"阶段性计划"，并按照时间约定完成。老板通常喜欢两种人：执行力强的人和善用时间的人。善用时间，把时间纳入工作行为之中，就会带来"时间效应"，从而大大提高工作效率。第三个方面是管理风格。笔者认为，如果一个中层能够在领导特质、行为、情境等方面进行管理，常常能够取得比较好的效果，比如自信心、智慧程度、进取心不断加强等，只有全面优化自己的管理风格，才能带好队伍，打赢胜仗。

陀思妥耶夫斯基表示：倘若你想征服全世界，你就得先征服自己。中层领导想要征服自己的老板，则需要将自己管理到位。

3. 设定形象：企业看中层

中层领导是一个很难把握的角色。有人曾这样比喻中层领导："上有严管，下有骄兵，旁边还有人竞争；没有财权，没有人事权，只有做事权。在上下煎熬之下，必须如履薄冰、艰难成长。"有时候，中层领导是"夹心层"，夹在中间，不能让高层与基层发生"摩擦"；有时候，中层领导是"保温层"，既要让上司放心，又要让下属感到贴心；有时候，中层领导是"保护层"，既要给企业带来足够的利润保障，还要建设好企业形象。企业形象很重要，形象是门面，也能带来口碑。形象好、有口碑的企业，自然能够吸引和聚拢周边社会资源，从而壮大自己。这个形象不是天生的，而是企业中每个角色集体演绎的结果。中层领导是企业的中流砥柱，是执行者也是管理者，要肩负起树立企业形象的责任。

透过现象看本质，一个邋遢、拖延时间的人，通常会在工作中表现出懈怠或者消极的情绪；一个简单大方、善待时间的人，通常会把阳光的一面展示出来。形象是一种看似外在、却体现内在的东西。一名优秀的中层领导，不仅要重视自己的形象，还要将这种形象传达出去。因此，中层在实际工作中，应该注重对于以下两种形象的修炼。

第一，个人形象。个人形象就是一个窗口，通过这个窗口，一个人的内在品质可以得到淋漓尽致的体现。以银行为例：仪容要求干净、不得蓬头垢面，男士不得留长发、不得染发，女士不得化浓妆；面部表情要自然，服务客户时要始终保持微笑；动作举止要大方舒展，不能偷瞄客户，为客户指引方位时，要采用邀请的手势，而不能仅伸出手指进行指引；一定要穿工装，且服装要合身，给人一种庄重感；谈吐方面，一定要礼貌用语，语速适中，不能开客户的玩笑，更不能顶撞客户；待人接物要大度、宽容、随和，保持谦虚谨慎的态度，能够做到"礼恭""辞顺""色从"。只有这样，才能使个人形象得到正面评价。

第二，专业形象。如果说，个人形象只是一种"表象"，那么专业形象的好坏，则直接决定一名中层是否称职。首先，中层是领导，领导就应该有一颗"公仆心"，要树立廉洁奉公的形象；要兼听则明，不能偏袒一方，要公正待人；做事要务实，不能轻飘浮夸。其次，中层是员工，员工要有一颗上进心，树立好员工的形象；要坚持学习，通过学习保持竞争力；要做到愿意做事、能干成事、绝不出事。除此之外，中层需要提高执行力、完善工作方法、有创新意识，并且能够凝聚人心、有号召力……中层不但要成为老板的助手，还要成为团队的帮手和下属的精神导师。专业形象的提升，对职业生涯有极大的帮助。

除了这两种形象，中层还要学会维护企业的形象、老板的形象以及员工的形象。能够尊重他人，维护他人，才能得到他人的尊重和维护。中层如果在工作中，始终能够保持一个健康的、良好的形象，就能充分发挥中流砥柱的作用，为企业带来前进动力。

4. 把握分寸：客户看中层

大学士朱熹说："谦固美名，过谦者，宜防其诈。默为懿行，过默者，宜防其奸。"意思是说，谦逊固然是美好的名声，但是过于谦逊者，也应该防止他的狡诈；沉默原本是一种德行，但是过于沉默者，也要防止他的奸邪。做人做事，都应该掌握分寸，矫枉必过正。凡事过则损，需把握分寸。才不露而性缓，方为大才；智不溢而气和，此乃大智。多威者常自怒，多诌者常有图；善恩者不滥施，善思者不辩解。临危担人忧，莫论他之长短；静坐鉴己失，德高众望所归。分寸只在分毫寸厘之间，甚至常常被人所忽略，但是极其重要，非常难以把握，就像厨师烹饪，少一分火则硬，多一分火则烂。

浙江某行的中层领导老李，做事风格看上去颇为怪异。按理说，银行是一个与钱打交道的单位，开展业务也是为了赚钱，但是此人不同。他说过一句惊世骇俗的话："在盈利与服务之间，我们选择客户，不是金钱！"

盈利与服务原本并不冲突，做好服务，同样就能赚到钱，但是这里面有一个尺度，即不能为了赚钱而破坏了规矩。因此，老李做了两件事。第一件事，在一些经营困难的企业面前，他并没有采取"釜底抽薪"式的防风险措施，而是坚守承诺，想尽办法帮助这些企业渡难关，树立一种契约精神。第二件事，逐渐放下眼前"肥肉"，向轻资本转型，这种转型需要漫长的时间，但是长远来看，更符合市场发展规律。

老李在利益面前没有乱了方针，反倒为银行蹚出了一条新路子。凭借他的这种做法，许多其他银行老客户纷纷转投他所在的银行，成为这家银行的忠实粉丝。

需要把握分寸的地方有很多，比如说话，与客户交谈时，既要简单明了，又不能肆无忌惮；既要谦虚谨慎，又要把握主动权；既要提供优良的服务，又不要过分承诺；既要说赞美的话，也不能让对方有骄纵犯错的机会。每一个客户都不同，所以服务的"加与减"也略有不同，这中间的分寸只能当事人体会，多一句则太多，少一句则太少。中国人讲究"中庸之道"，《论语·雍也》有云："中庸之为德也，其至矣乎！"中庸之道，并不是教人们做没有作为的庸人，而是教人们做不偏不倚、中正平和、在其位谋其政的高人。《中庸》是这样概括的："喜怒哀乐之未发，谓之中；发而皆中节，谓之和。中也者，天下之大本也；和也者，天下之达道也。"把握这种分寸，就不会被寻常诱惑扰乱了心，就能保持清醒，做出正确选择。拿捏分寸不仅是一种智慧，更是一种境界。唯有通晓人情世故、感受人间冷暖，方圆有度，才能游刃有余，把自己的工作做好。

第三章

收拾心态，从零开始

1. 豁达开朗，求同存异

从选拔制度上看，现在人才选拔要经过民主测评。这种"先民主、后集中"的方式也逐渐被应用在其他方面。可以把它看成求同存异法，这种方法允许出现不同声音、不同意见，这些或许能够成为企业成功的有力帮手。许多年前，中行就开始采用这种方法，不但取得了很好的效果，而且能够让所有人积极参与，体现民主精神。中层是一个组织的管理者，求同存异法是一种非常先进的管理方法。所谓"求同"，就是思想一致、志向相同、容易在内部产生共鸣，并形成一种凝聚力；所谓"存异"，就是尊重差异，鼓励创新。事实上，求同存异法是一种追求"真善美"方法，它的目的不仅仅在于解决问题、发扬民主，更重要的是，它体现一种追求真理的精神内核。

在与客户沟通方面，求同存异法显得更为重要。通常来讲，对于不明白的，或者触及利益的问题，客户会有不同的意见。他们会提出异议，并希望问题能够尽快解决。如果这样的异议是真实存在的，那么中层要想尽一切办法解决问题，并以结果为导向，给客户满意的答复。如果客户提出的异议是不合理的，中层也不要一口回绝，应该采取委婉的方式进行处理。还有一些异议是隐性的，中层应当尽量将这种隐性异议变成显性异议，从而明确问题，解决问题。事实上，异议无处不在，躲也躲不过去。与客户"求同"，就是想尽一切方法，与客户的利益达成一致；与客户"存异"，是改进工作方法、提高服务水平的动力源泉。不管是面对客户，还是面对下属，中层都应该用豁达开朗的心胸包容异议，求同求异，让问题得到妥善解决。

国外有一家著名报社，这家报社的总编辑叫李约瑟。随着互联网信息的发达，传统报社的生意每况愈下。为了想办法提高报纸的销售业绩，报社老总给李约瑟提了一个建议，对报纸内容等进行改革，从而再次赢得消费者的喜欢。这个任务非常艰巨，李约瑟绝对不能掉以轻心。一旦改革失败，整个报社将有倒闭的风险。

李约瑟组织头脑风暴会，各个板块的编辑都参与其中，并给予意见。就在大家将意见进行统一汇总，方案即将完成的前一刻，一个年轻编辑站了起来，说："总编先生，我还有一个奇怪的想法，不知当讲否？"

李约瑟认为，既然是不同的想法，为何不听听看呢？他对年轻编辑说："如果你认为自己的想法是一个经过深思的想法，你完全可以向大家进行展示。"

"既然互联网这么发达，为何我们偏要走纸媒这条传统道路呢？我认为，我们报社完全可以开辟新闻网站，借助我们的强大传媒资源建立新闻云数据库，新闻云数据库就是资源，数据就是金钱。"这样的想法，许多人都曾经有过，但是没有人大胆提出。

当大家觉得这个意见马上会被否决时，李约瑟竟然拿起笔，将年轻人的整个思路记录了下来。他说："你的这个想法，很标新立异，非常大胆。我需要向上级请示，看看他有怎样的看法。"头脑风暴会结束后，李约瑟果然来到老板的办公室，与其谈起年轻人的不同意见。老板觉得这样的想法很好，实现非常困难，但不妨尝试一下。李约瑟带着老板的命令回来，将一个特殊的任务交给提意见的年轻人，并鼓励他："利用报社的人脉，你去试一试吧！"

半年之后，年轻人取得了成功。他给了李约瑟一个非常好的结果，报社新闻网站的点击率非常高，新闻转载率也大大增加，为报社创造了可观的广告费和版权费。

求同存异是和合共生的体现，并不是特立独行，就像孔子所言：君子和而不同，小人同而不和。一名中层领导，能够在工作中做到求同存异，是智慧，也是一种修为。

2. 胸怀宽广，接受批评

林则徐说："海纳百川，有容乃大；壁立千仞，无欲则刚。"人需要拥有一种胸怀来包容错误、不公、异议、困难，同样，人需要一种勇敢，一种刚强，来直面错误、不公、异议、困难。有一些中层，自认为"高人一等"，容不得别人有不同意见，即使自己犯了错误，也无法接受别人的批评指正。古代有一个人审案，师爷提醒他："老爷，错了错了，这里面有猫腻！"这个人根本听不进去，并断言："你不要干扰我，孰对孰错我看得出来。"最后，果然酿下悲剧。

能够接受他人批评，也是一种有容人之量的体现。中行有一个中层，不管是面对领导还是同级，客户还是下属，他对"第二种声音"都会进行积极正面反馈，他说："能够向你提出批评的人，大多是关心你的人，如果我不加以'改正'，怎么对得起他们呢?"接受他人批评也需要勇气，许多人挨了批评，茶不思饭不想，一直浑浑噩噩，意志消沉。对于这些人，一句批评都可以轻易将其打倒，也不知道他们遇到巨大困难该怎么办。

许多年前，浙江中行某支行有一个行长老刘，他曾经在营业大厅里专门放了一个意见箱，用来接收各种意见。有些员工认为，老刘的这个举动是毫无意义的，许多地方都有意见箱，但哪位领导接受过这些意见?

月初，老刘打开意见箱后，有一个现象让他觉得特别尴尬。他说:"意见箱里根本没有批评，只有两封表扬信。"老刘并没有气馁，他认为，一定是员工或者客户怕得罪自己，不敢说实话罢了。有一次，他亲自来到大厅，担任大堂经理，为客户办业务。有一个老人不熟悉业务流程，没有得到应有的服务，于是便对老刘发火:"你是怎么做的工作? 服务也太差劲了! 把你们的行长叫来，我有话跟他说。"老刘耐心向客户解释:"您有事，直接向我反映，我尽量给您最好的答复。"

老人见老刘诚意十足，便一五一十地把不满说出来。老刘意识到，银行在服务方面还存在许多问题，应该进行改正。回过头，他先是对自己进行了一番自我批评与剖析，然后以自己为"故事典型"，向全银行普及针对此事的所感所悟，并对大家说:"你们有意见，一定要提出来。金无足赤，人无完人，我也会犯错误，也希望得到大家的监督和批评。"

老刘的话起了作用，后来他的意见箱里经常有批评，这些批评或大或小，有的是真知灼见，一针见血、直指问题。正因如此，这家支行被老刘打理得井井有条，成了当地其他银行的标杆。

　　人非圣贤，孰能无过？可以说，只要是人，都有可能犯错误。笔者在银行工作几十年，大大小小的错误也是犯过的。错误一旦被发现、被提及，当事人就应该小心了。看上去很小的错误，如果不加以改正，可能会影响全局。有个人身上起了一个红点，关心他的朋友会劝他："赶紧去医院看看吧，这是病，要马上治。"这个人认为，这点儿小病不用管它，几天就好了。结果，小病没有控制，变成了大病，最后去了医院，却为时已晚。中层领导就是要把错误扼杀在摇篮里，不能让自身的缺点影响全局，不给自己找借口。除此之外，接受他人批评的态度也极其关键，中层不但要虚心接受，还要克服狭隘的心理，积极倡导思想互助，提高自己的修养，勇于面对错误，改正错误。只有这样，才能不偏离航线，才能沿着正确的路线前行。

3. 敢于肯定他人的价值

　　一直以来，笔者都觉得，成人之美是一种高尚的境界。成人之美不是故意抬高他人，而是一种由衷赞赏。有人说："君子成人之美，小人落井下石。"孔子说："君子成人之美，不成人之恶；小人反是。"中层不仅是员工，更是领导。既然是领导，就应该有素养。在笔者看来，唯有真君子才具备当领导的素养，实事求是、诚实守信、成人之美、讲究原则，凡事不混为一谈，能够追求真理，敢于向不道德的事情"开炮"。只有真君子，才能得到众人帮扶；小人大多因为利害关系聚在一起，常常是树倒猢狲散。

　　有人说："赞美别人，就是肯定自己。"细细想一想，确实如此。笔者记得中行有一位老行长，对于那些成绩出色的同事，他总会称赞。他说："别人做得好，我为什么不夸奖一下呢？如果我们投去嫉妒的目光，恐怕只能让自己的内心失衡罢了!"许多员工,得到肯定后,会产生一种成就感和自信心,在后面的工作中,会表现得更为积极、出色;许多同事,得到肯定后,也会产生一种感激之情,两个人的关系近了,必然会互相帮衬,共同进步。事实上,肯定他人、赞美他人是一种聪明的做法,与其与人为敌,不如与人为友,环境和谐了,工作也就更加顺手、顺心。

诗人歌德说:"赞美别人就是把自己放在同他一样的水平上。"事实上,每个人都应该得到理解与尊重,肯定与赞赏。有一些中层领导,总是板着脸,认为下属做好工作是应该的,不应该表扬,也不应该过分强调。还有一些中层领导认为赞美是毒药,表扬次数多了,会让员工产生骄傲的心态,因此干不好工作。这种担心值得警惕,但是能够肯定别人的优点,适时送上掌声,不就是一种君子成人之美的体现吗?就像雨果所说:世界上最宽阔的东西是海洋,比海洋更宽阔的是天空,比天空更宽阔的是人的胸怀。要敢于承认他人的好,并由衷送上赞美。那个收到赞美的人,恐怕也不会黑脸以对。肯定他人既是高贵无价的,又是一种"成本极低"的相处之道。常常肯定他人,不仅有助于他人的进步,也会提升自己的人格魅力,何乐而不为呢?

4. 心态积极,永不抱怨

威尔·鲍温在《不抱怨的世界》一书中指出:抱怨就好比口臭,当它从别人的嘴里吐露时,我们就会注意到;但从自己的口中发出时,我们却能充耳不闻。改变自己说的话,不要再抱怨。改变你的言语,改变你的思维,你就能改变自己的人生。有人把这当成鸡汤,认为世界上处处存在不公平,如果遭遇不幸,又无法解决,是不是需要发泄、抱怨一下呢?有些员工,工作任务稍微繁重一点,或者多加一会儿班,就会牢骚满腹。还有一些中层领导，看到布置下去的任务没有得到很好执行，也会不断抱怨。确实，许多人都会抱怨，有时也要适当发泄一下。但发泄完了，难道就不需要重新面对问题吗？世界上，不称心者十之八九，如果换一个角度看待问题，或许它就不像想象中那样糟糕了。

许多人对小赵的第一印象就是勤奋、肯干、乐于奉献，不计较个人得失，永远把客户的需求放在第一位。只要客户需要，只要合理合规，她都会想办法为客户办到。为此，很多客户更愿意叫她赵经理，因为她从来没有把自己当作主任，而是以客户经理的标准来严格要求自己，带着大家一起进步。

此外，小赵注重细节，精准营销。营业部有位存款大户将大部分钱存在农行和建行，平时那两个行的行长与这位客户的关系都非常好。为了从他行吸收更多的资金，小赵非常用心，即使之前被多次拒绝也不气馁，从不抱怨。她在一次聊天中得知了客户不过阳历生日，过农历生日，客户阳历生日时非常热闹，收到了各个行的生日短信和礼物。到了客户的农历生日时，小赵带着一位客户经理登门拜访，客户非常意外和感动。过了一个星期，该客户从他行划过来 3000 万元存款，让小赵和她的团队兴奋不已。小赵说："不是每一次努力都有回报，但我们一次小小的努力就有了回报，真的非常感谢客户。"

小赵在业务中敢抢敢拼，积极进取，永不言败，带领着团队多次获得了市分行欢乐派、网点分期通、信用卡 PK（挑战）赛的优胜，为团队赢得了荣誉，也鼓舞了士气，真正地做到了上下齐心、全员行动。

世上本无事，庸人自扰之。许多时候，都是自己给自己找麻烦。同样都是一件事，为什么有的人处理得好，有的人处理不好呢？笔者工作这么多年，得出的经验是：凡事都要换几个角度去观察，然后朝着最好的方向发力。如果遇到一点小事情，就没完没了、推诿扯皮，不断抱怨，还谈什么大将风度？心态很重要，如果遇到不顺心、不开心的事，要积极调整，远离阴影。此外，应该设法改变自己，让自己变成一个积极的行动派，用行动去打败问题。中层领导，大小也是一个领导，既不能指望高层替自己收拾烂摊子，也不能指望下属为自己背黑锅。遇到问题，不要把时间浪费在抱怨上，而应该积极寻找突破口，解决难题。除此之外，应该珍惜眼前的机会，凡事要感恩，常怀感恩之心，便不会无休止抱怨。

契诃夫说："你们只要没有活到大难临头，就不要抱怨，不要发牢骚！样样事都会发生，人事是千变万化的。比方说，你现在无声无息，什么也算不上，如同一粒沙子，一粒葡萄干。可是，谁知道呢？说不定，时机一到……你就交上了好运了！什么事都会发生的！"抱怨是一种毒药，就像往自己的鞋子里倒沙子一样，倒得越多，就越觉得硌脚，甚至到最后连路都走不成了。

5. 不做举棋不定的"摇摆人"

下棋的时候犹豫不决，不知道把棋子放在哪里，这样的人必定战胜不了对手。优柔寡断，最后只能以悲剧收场。因此，中层领导在工作面前，在抉择面前，要斩钉截铁，不要错过了任何机会。笔者有一个朋友，是一个炒股专家。这个人看到一只处于上升期的好股票，便会迅速吃进去；当这只股票还在"勇攀高峰"时，他便收起自己的欲望，果断抛出。他曾说过一句话，笔者到现在仍旧印象深刻。他说："举棋不定的人是玩不了股票的，有时候炒股跟做事情、带队伍是一样的，优柔寡断、摇摆不定，是要赔本的。"

有一个青年探险家来到一个地方进行探险。他准备下到某一个山谷时，突遭不幸，被一块滚落的巨石压住了手臂。他反复尝试自救，都无法成功。这个时候，他果断掏出手机，打算进行求救。更不幸的是，这个地方根本没有手机信号，他无法求救他人。

随着时间的流逝，他感到自己的手臂逐渐坏死，而他本身因活动受限，无法继续寻找食物用于能量补充，如果情况继续恶化下去，恐怕只有死路一条。他终于做出一个选择：用刀子切断手臂。他咬紧牙关，用另一只手将压住的手臂缠住，然后拿起刀子，切断了自己的手臂。这个办法奏效了，他慢慢滑到山谷下面，找到了一条公路，最后被路人救起。

可以说，这是现实版的"壮士断腕"。为什么现实中，有这么多举棋不定、优柔寡断的例子呢？在笔者看来，主要有两个原因导致中层畏手畏脚、错失良机。

第一个原因：缺少自信。有时候，不能盲目评价一件事，把缺乏果断精神的人放进同样的"牢笼"里。职场上，或许不允许人们犯错，因此许多人产生一种"宁可错失良机，也不能出错"的做事观念。更多时候，这样做是因为自信心不足，担心实力不够。为了解决自信心不足的问题，笔者常常告诫他人："要多学习，努力提升自己的能力。"只要能力达到了，就不会出现自信缺失的现象。这是根治疗法，鼓起勇气盲目选择，有时只能让情况更加糟糕。

第二个原因：怕承担后果。笔者曾经问过一个中层："有时候为什么不敢放开手脚大干一场呢？"他回答："银行是跟钱打交道的地方，不能出问题，一旦出了问题，后果不堪设想。"笔者又问他："如果领导允许你去犯错，你会不会试一试？"他的回答依旧出人意料，他说："领导看结果，不看过程。错了还是要承担责任的，只不过是主要责任还是次要责任的问题。"有这样想法的中层不少，他们担心承担后果，担心因为承担责任而失去工作，因此原地踏步。但是，如果没有责任心，又如何取得工作上的突破呢？优柔寡断经常比错误的行动更糟糕。中层要给自己勇气，更要无私一点，凡事能够从大局出发、从整体利益出发。如果总是考虑自己的名利，恐怕就无法在重大抉择面前做出正确选择。

没有冒险就没有收获，要做出拳更果断、打法更积极的"拳王"，而不是畏手畏脚、犹豫不决的"摇摆人"。有一个哲人说过："犹豫不决是以无知为基础的。"倘若只是自信心不足，或者只是担心担责，那是勇气欠佳，是一种逃避的表现。

6. 强烈的工作与管理意愿

许多时候，随着时间的流逝，人们的工作意愿会逐年降低，使命感和责任感也会减弱。有人认为，这是一种"自然的变化"，人都会衰老，直至消亡，工作意愿有变化也很正常。身在职场，这种变化是非常可怕的，它会消磨人的意志力，让其变成一个没有积极性、混日子的人。中层领导常常成为工龄的"受害者"，一些中层领导到了一定的岁数，在晋升无望的情况下，态度就会变得消极。有的企业中有这么一群中层，到了一定的年龄，就开始混吃混喝，等着退休。这群人还有一个特点：做事情非常圆滑，对待下属也常常采取"放羊式"管理。这样的"中流砥柱"，恐怕已经难堪大用，时间久了，"上层建筑"便会垮塌下来。

什么样的中层领导是优秀的中层领导呢？依笔者所见，强烈的渴求、出众的才智和良好的心态，是优秀的中层领导的三个要素。

所谓"强烈的渴求"，就是保有上进心，对胜利拥有一种渴望。记得中行有一位年逾50岁的支行行长，他依旧精神焕发，每天工作之前都要进行详细而紧密的安排。他常说："我不想被人称为工作狂，为了工作发狂似乎有些不合情理。但是，我非常希望自己能在退休前做好三件事——完成新老交替、形成银行文化、实现改革创新。"凭借这种渴望，他的使命感变得更加强烈。当下，有一群管理能力强、工作意愿低的中层领导，他们没有强烈的工作意愿，被动工作，只能让效率越来越低；还有一群管理能力差、意愿强的中层领导，他们如果能提高自己的工作能力，现状就会大大改善。还可以把"强烈的渴求"看作欲望，无欲无求，有欲才有求。职场中，中层只有发扬"上下求索"的精神，才能取得突出成绩。

所谓"出众的才智"，就是不断提升自己的能力，通过一些方法改善自己的管理、工作方式，从而形成良性循环。过去用电脑打字，一般采用全拼或者双拼，但是拼音打字法在急速处理大量文件的领域内，是严重滞后的。想要提高工作效率，就应该选择其他打字法，比如五笔。完善技能是提高工作能力的直接办法，甚至是唯一途径。许多中层到了一定年龄，总觉得自己"学不动了"，再也无法突破瓶颈。实际上，人不管处在哪个年龄段，在才智方面，依旧能取得进步。"活到老，学到老"是一句"无往而不利"的话。所以，不要认为自己"学不动"，而要为自己多找一些学习恶补的理由，提高自己的学习能力，才是真本事。

所谓"良好的心态"，就是到达一种境界，形成一种气质。社会上，人们总能遇到气质非凡的人。笔者有幸认识一位企业高管，他曾经在许多世界级大公司担任高管，与他接触，能够感受到两种不一样的气息。第一种是精神焕发、乐观，所到之处充满着阳光与智慧；第二种是平和、随意，拿得起放得下。恰恰是有了这两种气息，他的人生截然不同了。拥有这种"良好的心态"需要一定的阅历。中层其实都是一些久经沙场、资历颇深的"老兵"，也到了开悟的年龄。关键是要学会调整，让自己处于一个积极的、乐观的状态中，敢于舍弃，敢于直面各种困难。就像华盛顿所说：一切的和谐与平衡，健康与健美，成功与幸福，都是由乐观与希望的向上心理产生与造成的。

中层想要让工作更出色，职场之花开得更绚烂，就要积极一点，乐观一些，凡事有目标，有向往，拥有强烈的工作与管理意愿就能突破瓶颈，实现自我。

Part 2

好中层要成为中流砥柱

第四章

做下属的好领导

1. 收起领导架子，做有亲和力的领导

笔者问过一名普通的银行员工："你最看不惯领导哪一点？"那个员工说："我最看不惯他们那副趾高气扬、高高在上的样子！"个别中层，高高在上，自以为身处高位，自我标榜。某企业有一位中层，他做事总喜欢"使唤"他人，甚至连最起码的尊重都没有，员工送他外号"老猫"，意思是姿态高，从来不会亲手做事。真正优秀的人，从不会惺惺作态、装腔作势，反倒是那些"一瓶不满、半瓶乱晃"的人故作姿态，靠并不高的地位和腔调吓唬人。这种行为不仅丑陋，更令人不齿，是职场中要不得的行为。

老陈是浙江中行某支行的一位"服务型"的中层领导，不仅对外服务企业、营销项目，而且没有架子，能够对内言传身教、帮助下属成长。他常常鼓励、支持员工提出新思路、新想法，并帮助他们对此加以完善，融入日常的营销、服务工作。

地方转型升级产业基金是各家银行激烈争抢的项目，在中行获知

　　该项目前，已经有八家银行提供了服务方案。同事们觉得希望很渺茫时，老陈凭着职业敏感，认为拿下项目的可能性比较大，马上召集金融部、营业部多个条线的员工，组成十个人的营销小组，鼓励大家各抒己见、群策群力，共同制订金融服务方案。他细致地对服务方案进行研究，抓住要害、核对细节、精心指导，在关键时刻，亲自陪同金投负责人去上海参加某上市公司的增发路演发布会，还特地安排引荐多家券商及投资人，让客户真正感受到大行的专业水准与业务资源。

　　回来后，他再次带队拜访客户，深入浅出、惟妙惟肖地向客户介绍银行的服务方案和成功合作案例。这对每一位参与项目的员工来说，就像上了一场生动精彩的营销培训课，大家受益匪浅。经过老陈的精心准备与策划，最终中行成功中标，获得了 2 亿元的定期存款和未来长期业务合作机会。

　　有一个词叫"本领恐慌"，所谓"本领恐慌"，就是一种无法胜任工作、把握目标不准确，而产生的恐慌意识。为了掩盖这种"本领恐慌"，人们可能会做出三种行为。其一，自以为是。部分中层认为自己是个"小官"，有点本事，便沾沾自喜，自我陶醉。实际上，他们根本看不到自己与别人的差距。时间久了，他们只能应付；一旦应付不了，便寻找"替罪羊"。笔者认为，这些人格局太小，总是局限在自己的一亩三分地里，他们听不进别人的意见。其二，"安于现状"。在笔者看来，大多数高高在上的中层，都是不求上进的人；当然，这更是一种"本领恐慌"的表现。因为缺乏知识，话讲多了怕露馅，讲少了怕不起作用，于是只能故作姿态，坐吃山空。老本总有吃完的那天，老本没了，自然也就没有了前进的动力。其三，热衷面子。那些喜欢搞花架子的人，自然是没有"内涵"的。因此，他们借助面子工程，企图打造自己的"高大全"形象，而实际情况却截然不同。他们做事蜻蜓点水、走马观花，到头来，只能是竹篮打水、井中捞月。

好中层，就是要收起自己的架子，做有亲和力的领导，完善自己的本领。想要成功，就要亲力亲为、多一些耐心，架子只是一张空头支票，不但不能兑现，而且会糊弄自己，要谨记，勿让空架子毁掉自己。

2. 尊重下属，做有人情味的领导

卡耐基说："人与人之间需要一种平衡，就像大自然需要平衡一样。不尊重别人感情的人，最终只会引起别人的讨厌和憎恨。"就像过去人们常说的，不尊重别人，就等同于不尊重自己。

俗话说："你敬我一尺，我敬你一丈。"这是一种互敬，也是一种相互间的尊重。笔者认为尊重，就是对他人自尊的一种重视。尊重需求是马斯洛需求层次论中的一种需求，如同吃喝拉撒一样。下属即使只是一名普通员工，同样有自尊，也需要同事、领导的尊重。尊重他人，是对其价值的一种肯定。中层尊重自己的下属，就是认同他们，肯定他们，鼓励他们。记得中行有一位老领导，他不仅关心爱护自己的下属，还能够将他们做的事写进"功劳簿"里。凡是与这位老领导共事过的人，几乎都能给他极高的评价。这也是笔者所提倡的：想要做好领导，先要做好人。

经营之神松下幸之助，有一次去某西餐厅招待客人。所有人都点了一份牛排。当他们即将结束晚宴的时候，松下幸之助让助理请刚才烹饪牛排的厨师过来，此时他的助理发现，松下先生的牛排仅仅吃了一半。不一会儿，厨师走了过来，当他看到自己面前的人是大名鼎鼎的松下先生，顿时紧张起来。许多人在想：恐怕这位厨师要倒霉了。

松下幸之助看到发抖的厨师，便微笑着说："你不必紧张。"

"好的，松下先生。我想问，您找我过来有什么问题吗？"厨师依旧十分紧张，甚至连说话都开始结巴起来。他看到松下先生盘中吃剩的半份牛排，似乎有些心知肚明了。

"其实你做的牛排还是很好的，我只吃了一半，原因不在于你的厨艺，而在于我已经八十多岁了，胃口已经大不如前。"松下幸之助说。

在场的所有人，似乎没能理解松下先生这句话的意思，既然牛排没有问题，为何还要把厨师叫过来单独说话呢？厨师走了之后，松下幸之助向众人解释："我只想当面跟他解释清楚，因为我担心剩余的半份牛排被送回到厨房，厨师看到后会很难过。"

松下幸之助尊重他人的这种品质，对松下集团的发展产生了重大的影响。他在管理员工方面有一个诀窍，在责备某个人之前，应该先指出他的优点，充分给予他人格上的尊重，然后表示，在某些地方自己只是想帮助他而已。在笔者看来，这不仅体现管理者的品格，更凸显了管理者的管理水平。松下幸之助说："企业即人。"企业是由无数的人架构起来的，中层领导仅仅是其中的一部分。然而，中层领导下面，却有数量庞大的员工，这些员工才是企业的真正财富。如果把中层管理者当作一个水龙头，员工就是水，尊重就如同水龙头的阀门。如果中层尊重自己的员工，阀门一开，水就流淌出来；如果中层不尊重自己的员工，不仅阀门难以拧开，甚至还会生锈。

因此，笔者有两个建议。第一，中层管理者不管手里的权力有多大，管理的员工有多少，都不要自恃领导身份，高人一等，把员工看成"服务员"，呼之即来，挥之即去。管理并不能完全依靠权力和制度，还需要一些人情味。管理不要太过强势，要平和一点，通融一点，即使员工犯了错误，也应该给他们反省的空间，切莫一棍子打"死"。第二，中层管理者也是一个团队的带头人，应该把团队中的每一个人当作自己的"合作伙伴"，在同一个团队中，大家彼此分工明确，人格平等，只有相互协调和帮助、只有尊重与被尊重的关系。中层肯定其他人的成绩，就等于肯定自己的带队价值。

想要做一名优秀的中层，就要尊重自己的下属，员工们得到了应有评价，自然会响应、辅助，从而让中层收益更多。

3. 保持热情，做有激情的领导

托尔斯泰指出：人类被赋予了一种工作，那就是精神成长。如果我们把人的一生比作一杯白开水，起初是无色透明的，随着时间的变化，白开水会变颜色。对于那些消极、保守的人而言，他们会盖上一个盖子，让颜色变得慢一些，甚至一直不会发生变化；对于那些富有激情的人而言，他们会尝试加入丰富的颜色，甚至会让白开水变成一杯蜂蜜水。或许有人会问："在当下这样的环境中，保持心静如水，难道不是一件好事吗?"心静如水是一种境界。但是身处职场，受人之托，领着老板发的薪水，要考虑一件事：如何把工作做好，尽善尽美。把工作做好，不但对得起公司，也能给自己一个交代。

人们常说"精气神"。所谓"精"，就是人的生命根本载体，没有"精"，也就没有生命。所谓"气"，就是人的生命运行载体，俗话说："人活一口气。"可以把"气"理解为骨气，一旦人没有了骨气，就会被万人所指。所谓"神"，就是人的生命之形貌，"神采"就是人面部的神气和光彩。"精气神"是一个有机的整体，它们互相配合，互相影响，任何一个方面出了问题，人的状态就会下降。中层工作要有激情，要体现"精气神"，不要拖下属的后腿。只有把工作做好了，一切才有实现的可能。

诗人泰戈尔对"激情"的看法是"激情，这是鼓满船帆的风。风有时会把船帆吹断；但没有风，帆船就不能航行"。事实上，有些中层在夜以继日、反反复复工作中，逐渐失去激情。笔者也听到有人说："如果不是背负着责任，可能我早就选择退休了！"这种中层，属于被"逼"上梁山的类型，为了责任，还能强打一下精神。还有人说："干得好又能怎样？差不多就行了。"这种中层，基本属于"混日子"的类型，他们得过且过，也会把"做一天和尚撞一天钟"的"工作经"传给下属。如果失去了工作热情，感召力、执行力、竞争力和影响力都会随之下降。

中行某分行金融部老谢，年龄不小了，但是依旧保持着非常旺盛的工作热情。面对外汇业务持续萎缩等严峻挑战，他通过大小会议向片区内各级人员积极宣传"中行个金大行"的理念，在工作中不遗余力帮助员工克服困难，增效创利。他始终坚持"5＋2"和"白＋黑"工作，不断完善工作方法，坚持服务指导基层、加强过程管理，亲自参加网点晨会。2015 年全年他累计下网点 100 多次，频率之高，令人咋舌。除此之外，他利用闲暇时间，吃透了银行各类产品的功能和特点，成为一名"营销家"。他牵头成立个金产品宣导组，亲自带队赴74 个网点展开活动，并取得突出成绩。凭借忘我工作、务实求真态度、饱满的激情，他交上了一份令人满意的答卷，成为"充满激情、永争第一"的个金"领头羊"。

热情是一种动力，一种积极的因素。中层需要时时刻刻保持工作热情，依靠这种热情带动大家一起工作。只有这样，才能胜任工作，并且把工作做得更好。

4. 关心下属，做抚慰心灵的领导

关心是一种爱，一种对待他人的态度。泰戈尔认为：我们的生命是天赋的，我们唯有献出生命，才能得到生命。人们通过关心他人，可以获得他人的支持。当然，领导关心下属不仅出于道义，还是一种职责。这种职责并未写进"辞典"里，但至少送人玫瑰、手留余香。

首先，中层应该把礼仪放在最前面。笔者认为，最基本的关心不是嘘寒问暖，而是尊重。孟子说："老吾老，以及人之老；幼吾幼，以及人之幼。"眼里要有老幼尊卑，要把尊重自己的"老"、爱自己的"幼"的精神，推及所有的"老"和所有的"幼"身上。有一些中层，在这一方面大多讲得过去，对待自己的上司，能够尊重并顺从，对待自己的下属，能够给予适当理解和宽容。笔者想补充一点：要把礼仪做给自己，而不是做给别人。养成尊老爱幼的好习惯，培养一颗宽容的心，自然就不会有差池。己所不欲，勿施于人也是一种尊重。人们都应该从"自私自利"的圈子里跳出来，给自己一个大格局，不要让"肥水不流外人田"这种思想约束住自己。作为中层，凡事要以身作则，处理事情能做到公平公正，凡事都讲原则，即使不出手帮忙，也会得到领导以及下属的认可。

其次，中层要走出关心他人的误区。在笔者看来，关心他人常常会走入几个误区。第一，为了博得下属好感，而故意施以小恩小惠。这种行为，大多是一种"投机行为"，如果能达到目的，下属内心会平衡；如果达不到目的，或许下属心态会失衡，重新权衡利弊。第二，轻许诺言。有些中层，为了让员工努力工作，便夸下海口："只要你们完成任务，我给你们多申请奖金。"如果"海口"夸大了，很可能根本无法兑现。设想一下，一个常常写空头支票的领导，能得到员工的支持吗？答案一定是不能。第三，把溺爱当成一种关心。一些中层会犯这样的错误，他们认为关心可以代替批评和惩罚，即使下属犯了大错，也要放过，这完全超出了关心的范畴，属于放纵下属。中层要关心有度，要有关心，更要靠制度奖罚完善管理。第四，只关心业务。许多中层看上去对下属嘘寒问暖，实则担心下属做不好工作，处理不好业务。笔者记得银行有一些领导，见面就会关切地问："工作完成怎么样？有无难处？"员工们大多报喜不报忧，时间久了，甚至讨厌领导的这种"关心"。所谓关心，应针对人，而不是工作。因此，中层要掌握好力度，要拿捏好尺度。

松下幸之助说："员工100人时，我必须站在员工的最前面，身先士卒，发号施令；当员工增至1000人时，我必须站在员工的中间，恳求员工鼎力相助；当员工达到10000人时，我只有站在员工的后面，心存感激即可；如果员工增加到5万至10万人，仅是心存感激还不够，必须双手合十，以拜佛的虔诚之心来带领他们。"中层领导应该有这样的胸怀和境界，面对自己的下属，把他们当成自己人生之路上的宝贵财富，发自内心感激。只有这样，才能成为抚慰心灵的好领导。

5. 收放自如，做有智慧的领导

做事应小心谨慎，期望达到坚定不移的境界。放任自流的人，最后总有收不住的时候，唯有掌握事物规律，善于控制自己身心的人，才能收放自如，把事情做好。

说话做事应该讲究斡旋其间的方法，要注重观察对方的变化，反复试探，如果沟通较为顺畅，便搭起了桥梁，只要双方投机，还有什么真实情感不会和盘托出呢？中层领导同样需要这种高超的技艺，既要起到作用，还有进退有度、收放自如。以前中行有位老领导，他总能把话说到员工的心窝里去，他特别擅长察言观色，又非常讲究技巧，如果不能"一蹴而就"，便分而化解难题。这就是一种境界：将万事万物都能协调得十分均衡。

有一个青年自幼喜欢音乐，为此他努力学习各种乐器，希望有朝一日成为业内大师。为了提高自己的音乐技艺，他拜了一个师傅。这个师傅虽然名气不大，但是音乐素养极高，总能在冥冥中捕捉到人们内心深处的东西，从而打动他人。

年轻人只注重技艺，对内心的修炼却差得很远。一个外行告诉年轻人："你的技艺已经超过你的师父了，你完全可以下山了。"

年轻人将信将疑："真的吗？"

"都是演奏一个曲子，我觉得你演奏得一点也不差。"外行说。

年轻人相信了这个外行的话，于是向师傅请辞，打算自己出去闯一闯。师傅欣然同意，还送给他一把自己用过的老琴。

有一次，某民乐团招聘琴手，这个年轻人鼓起勇气进去一试。他用尽平生所学的技巧，演奏了一首悦耳的曲子。表演完之后，有一个专家说："年轻人，你的技巧可以，但是你演奏的曲子中缺乏一种东西。"

年轻人问："缺乏什么？"

"你的曲子缺乏一种收放自如的情感。很好听，可惜无法打动人啊！"专家的话一语道破玄机。事实上，演奏如同做人，只懂生存技能而忽略人心，则很难继续取得突破。后来，年轻人回到师傅身边，师傅为他演奏了一曲。听完之后，年轻人竟感动地流下眼泪，那种收与放、舍与得，是何等自如，想要达到这样的高度，要继续加强啊。

中层要收放自如，自然要把功夫放在"收"与"放"上。所谓"收"，就是注重纪律与规则，把队伍管理好，监督好，从而高效推动团队建设。所谓"放"，就是相信自己的下属，敢于放权、授权，让员工自己做主，充分发挥他们的能动性和创造力。收放有度，就是留有余地，学会取舍。能够从无序中找到有序与平衡，才是一种大智慧。

第五章

做好企业的脊梁

1. 亲力亲为，树立形象，做好表率

许多人都在推崇"无为而治"，什么是"无为而治"呢？《道德经》有云："我无为，而民自化；我好静，而民自正；我无事，而民自富；我无欲，而民自朴。"无为而治不等于什么也不管，只是适度放权、授权，必须以身作则、亲力亲为。所以说，亲力亲为与无为而治并不冲突。

《三国演义》有个经典片段，叫"三英战吕布"。三英就是刘备、关羽、张飞，这三个人不仅是桃园结义的三兄弟，更是上下级关系。按理说，刘备完全可以把战吕布这事交给关羽和张飞去做，为什么还要亲自上阵呢？在笔者看来，刘备这样做的原因是身先士卒，给自己的下属做个表率。亲力亲为就是自己的事情自己做，敢于承担责任，甚至帮助下属承担一部分风险。现实中，有些中层领导并不是这么想的，他们总是打着"无为而治"的幌子，将自己身上的风险分担出去，明哲保身。记得有一个中层领导，上面派下来任务之后，他便简单分解下去，然后几乎不再过问，仿佛事事与他无关。到了月底，他便开始检查工作，如果下属完成不错，

他也会适当鼓励一下，如果下属完成不好，他便黑着脸给予下属一定的惩罚。后来，他的一名下属出了大错，隐瞒不报，结果被老板知道了。老板打电话给这个中层，中层竟然也被蒙在鼓里，一问三不知。老板非常生气，对犯错员工和这个中层一起进行了严厉的通报批评。这种"三不管"的管理方式，看上去很美，实际上会出很多问题。亲力亲为的目的，不但在于锻炼自己的工作能力，更在于适时保障工作完成进度和完成质量。中层应将无为而治和有为而治相结合，绝对不能当甩手掌柜。

小郎现担任中行某支行营业部主任，一直在一线岗位。多年来，他吃苦耐劳，脏活累活干在前头，努力做好本职工作的同时，坚持不断创新和自我突破，以良好的职业道德和无私奉献，赢得了领导的信任、同事的尊重、客户的称赞。

作为一名金融行业的员工，小郎始终坚持将银行利益放在第一位。对工作从不挑别，不管组织安排他在哪里工作，他都毫不犹豫顶上去，而且事事、时时、处处都严格按最高标准要求自己，干一行爱一行。参加工作以来，他先后从事过对私柜台、对公客户经理、国际结算产品经理、营业部主任等岗位工作。尤其在担任营业部主任期间，他全力倾注自己的汗水，早上最早到单位，准备一天的工作，晚上总是最迟一个下班，只有在巡视过整个营业部后才离开。在营业部人手紧张的情况下，他主动承担多项工作，为营业部员工树立了良好的榜样。

小郎作为一名营业部主任，虽然有压力，但更感受到一份责任。面对营业部员工营销能力不足的情况，为提高员工的营销能力，小郎狠抓日常管理工作，对员工的任务指标完成情况了如指掌。同时他努力提高自身的业务素质和营销能力，力求以身作则，带领营业部员工不断创造佳绩。

小郎在工作中是大家学习的榜样，在生活中他的一言一行、一举一动，也是大家学习的典范。在工作上，他脚踏实地、求真务实，对银行事业、对自身的工作有高度的责任感和强烈的事业心，以最高标准严格要求自己，规范言行。在生活中，他始终保持着严谨的作风，艰苦朴素，勤俭节约，平易近人，朴实大方，竭尽所能帮助大家。单位同事无论谁家有个大事小情，他总是跑前跑后，倾己之力，为他们排忧解难，为单位内部创造了良好的人际环境，创造了和谐融洽的工作氛围。而大家有什么心事都喜欢找他诉说。他工作细致、思想教育到位，使员工时时刻刻感受到集体的温暖，使营业部的凝聚力和向心力得到了加强。

这样的中层，领导能不信任吗？员工能不支持吗？自己的事、重要的事，难道不应该自己去做吗？要做好自己的工作，自己肩负的责任，就应该亲自承担。亲力亲为是一种管理方式，更是一种亲身实践。许多优秀的中层管理者，在实践的路途中发挥着模范带头作用，不仅为企业树立了良好形象，还能为企业挖潜增效，非常值得大家学习。

2. 不怕困难，敢负责任

笔者有一个朋友，他曾经在某企业从事设备安全工作。因为他是个大学生，并无设备检修经验，所以许多人都瞧不起他。甚至有人劝他："老弟，如果你有自知之明，还是赶紧离开这个公司吧。"这位朋友并没有退却，在背后恶补相关知识。他报名参加安全学习班，还考取了各种证件。有一次，企业设备出现严重问题，许多"专家"都找不到解决办法，结果这位朋友站了出来，把棘手的难题解决了。后来，他成了这个企业的生产负责人，还是安全管理方面的专家。

　　许多职业培训师来银行给中层做培训，都会讲"狼"的故事。狼有什么特点呢？残忍、狡猾、分工明确、做事果断、敢于向强者发起进攻……事实上，狼群会形成一种聚众效应，这种效应是非常强大的。但是，单枪匹马的狼，不会轻易地向比自己强壮的对手发起进攻。它深知"鸡蛋碰石头"是不自量力，在强敌面前，能够保全自己，才是上策。一名优秀的领导者或者中层，应一方面接受现实，但不气馁、增强信心，另一方面提高自己的能力，想办法战胜眼前困难。

　　　中行某支行的客户经理老李负责支行的对公客户。随着近几年银行业的迅速发展，市场早已经被挤压成椭圆形。如果继续坚持传统的"以银行为主"的合作模式，恐怕就要落伍了。为了摆脱这样的局面，他一改往常邀请客户来行的模式，采用主动出击的方式。

　　　起初，许多企业主认为，老李这样的做法是"自降身价"，完全没有必要。还有一些企业主对老李的这种方式不屑一顾，甚至有人说："谁给我们优惠多，我们就把钱存到哪里去！"殊不知，不同银行在存款理财利率方面差异不大，没有哪家银行会承诺几倍以上的理财回报。还有一些企业主，原本有自己的合作银行，他们觉得，根本没有更换银行的必要。

　　　天有不测风云，每家企业都有遇到困难的时候。当其他银行无法兑现承诺的时候，老李的机会便来了。有几家企业主试探性地联系老李，没想到老李不但没有拒绝，反倒靠自己的本事一一解决了问题。老李靠着这种不怕吃苦、敢负责任的工作精神，为中行创造了奇迹。

　　所谓欲速则不达，在还不够强大，还没有能力战胜困难的时候，应该低调一点，暗自鼓励自己，让自己慢慢强大起来。正如郑板桥在《竹石》中所说：咬定青山不放松，立根原在破岩中。千磨万击还坚劲，任尔东西南北风。

3. 埋头苦干，抬头巧干

工作成绩是干出来的，不是吹出来的。绝大多数人都知道实干工作的重要性。中层需要埋头苦干，发扬农民勤苦耕种的精神；中层还需要会干、巧干，只有这样，才能干到点子上，提升管理水平和下属的执行效率。

当下，一些人认为：巧干大于苦干，低头苦干的是老黄牛，费力不讨好。还有一些人认为，人类发展到今天，靠的是"技术革命"，只有在技术上有突破，干才能有意义。苦有苦的乐趣，巧有巧的好处，凡事没有绝对。在笔者看来，"巧"也有拙的时候，也会在某些场合失灵。比如银行审计这类繁杂、细碎的工作中，技巧的作用是微乎其微的，它不仅需要认真，更需要一种意志力，尤其在这种单调重复且责任重大的工作上，唯有排除一切的"苦干"精神才能发挥作用。"巧"需要"巧"在某一个地方，并非事事都需要"巧"。

"巧"字当头，还有一个风险：变革的风险。任何一次提速，都需要人们采用打破常规的工作方式。这种"破"，需要在"立"的基础上形成。有些中层想要"讨巧"，强调创新变革，但是在变革中可能出现各种各样的问题，这些问题有大也有小。面对这些问题，中层不但需要及时解决，更要总结经验，发现规律。如果只是盲目讨巧，恐怕就会令人失望了。想要在"巧"字上取得成功，还要养成一种习惯，就是爱思考的习惯。俗话说："播种行为，收获习惯；播种习惯，收获性格；播种性格，收获命运。"好的习惯与好的性格相结合，才能卓有成效。就像文学家韩愈所言：行成于思毁于随。成功在于深思熟虑下的正确行为，而不是为了捷径放弃康庄大道。那么如何才能巧中生智或者说智中生巧呢？

三分巧，七分拙。为什么这么说呢？有一个耕地的老农民，夜以继日辛勤工作，只是为了果腹。每一次下地，他都会感叹："如果牛的力气再大一些，犁再好用一些，我的辛苦就会少一点，我就会多耕种一些地。"他有了这样的想法，才有可能在现实中摸索。于是，他开始在犁上下功夫，先是磨犁，减少各种摩擦阻力；后来，他甚至还加上一根"杠杆"，以增大牛的作用。凭借这种"笨"办法，他逐渐实现了会干、巧干。所有的"巧"，都是在苦干的基础上形成的。中行的许多中层领导都是靠"苦干"精神展示自己的战斗力，靠"巧干"精神展示自己的智慧。太阳每天照常升起，对于人们而言，每一天都是新的，但是太阳是"旧"的。新与旧、苦与巧的结合，让人们更加珍惜来之不易的工作。

创新是一个理念，而非"信口开河"。"巧"是一种由理念转化而来的技能，这种技能是一种稀缺品，并不是唾手可得的东西。想要求新，就要从多个角度进行尝试，在尝试与体验中，找到这种"巧"。笔者更相信熟能生"巧"的理念，如果不熟悉业务、不能深入工作的话，怎么能找到解决问题的方法呢？因此，笔者要对广大中层说："巧从繁中来，莫要以巧生巧，有时候解决问题，还需要埋头苦干。"

4. 不断"充电"，提高自我

孔子说："学而不思则罔，思而不学则殆。"学习是一件辛苦的事情，也是一件非常有意义的事。过去，一些中层的学历并不高，文化知识不够丰富，但是为什么还能屹立于职场不倒呢？就是因为他们不断学习，从而适应了社会的发展。中行某支行有一名老行长，年近六旬，凭借自己的毅力学会了电脑，他不仅学会了简单操作，而且在某些方面很专业。有一些中层可能年龄不小了，总觉得自己上了岁数，很难学会年轻人的东西。笔者发现了一个有趣的现象：这些中层常常让年轻人帮自己"修"电脑，说是修，其实就是让年轻人代劳，比如打字、传个文件、发个邮件等。这些技能是非常简单且容易掌握的，只要稍加学习，就可以自由操作，既省心，又安全。

爱因斯坦有句话值得人深思，他说："科学研究好像钻木板，有人喜欢钻薄的；而我喜欢钻厚的。"人只要活着，就应该不停学习，不断进步。以银行为例，现在的环境是非常开放的，互联网给人们带来了新思维、新机遇，只要能够把握住网络大潮的这股东风，就能实现转型，从而突出重围。银行业是一个非常敏感的行业，它与外界环境息息相关。因此，它需要中层紧跟时代潮流，更新自己的知识和理念，不断提升自己的素养，唯有如此，中层才能带好队伍，起到中流砥柱的作用。记得浙江中行有一个中层，虽然学历不高，却是整个系统内的著名电脑专家。他说："从知识的海洋里汲取能量，是最为简单而直接的。"回过头再看一看现在的一些年轻中层，他们要学历有学历，要知识有知识，认为自己身体里装了一台"永动机"，根本不需要"加油"补充能量了。笔者把这称为"吃老本"，但是"老本"能吃一辈子吗？显然是不可能的，甚至今天不学习，明天就无法适应了。如今的社会，可以用日新月异来形容，人们要与时间赛跑，争取跑到前面，才有可能实现梦想。笔者认为，想要成为一名优秀的银行中层，需要做到两方面。

一方面，要不断学习。学习内容不局限于银行方面的专业知识，还包括一些技能和其他知识，比如熟练应用一些相关电脑程序、外语、心理学、社会学等。通过学习，中层不仅可以提高自己的视野和格局，还能够不断创造出新的方法、系统。借助这些方法和系统，就能够建立起学习思维理念。有一个中层利用业余时间，刻苦学习英语。当时有些人笑话他：
"这么大年纪，还学习英语？学习英语有什么用呢？"后来总部准备派一名
干部，去国外办事处任职，第一个条件就是英语水平优秀。这位中层以出
众的英语水平赢得了这个机会。后来他进一步拓展海外业务，实现了巨大
突破。

另一方面，要拥有一套学习工具，建立学习机制。一名优秀的中层管
理者，不仅需要自己学习，还要给下属创造学习空间和机会，通过相应机
制和平台，提升团队的学习力。有句俗话是"独木不成林"。一片树林中，
只有一棵大树是不行的，团队的每个人都要不停成长，成为一个独当一面
的人物。中层在这里面主要起教练员和园丁的作用。中层用自己的实际行
动，感染下属，引领下属，打造一个学习型团队，一个不断开拓进取的
团队。

学习是自己的事，也是一件非常紧迫的事情，想要在职场中有成绩，
就要永不满足、活到老学到老，就像墨子所言：志不强者智不达。

5. 加强沟通，协调组织

对于一名管理者而言，不懂得与下级沟通，相当于失去一只手；对于
一名执行者而言，不懂得与上级沟通，相当于失去一只脚。中层既是管理
者，又是执行者，大概有30%的工作时间用于沟通、协调，如果沟通不到
位，有可能造成管理工作的脱节。有一个统计，85%的成功者凭借良好的
人际关系成功，只有15%的成功者完全依靠知识、技能成功。

笔者认识一个人，他很有能力，40岁不到就成了某公司中层，但是他
发现，自己得罪了太多人，甚至有时连普通员工也不听从自己安排。有一
年，公司做民意测评，这个人得分最低，结果被公司辞退了。中层是一个

怎样的角色呢？有人认为，中层是"二传手"，所谓"二传手"，主要起过渡、桥梁作用，比如上级布置任务，会先把信息下发给中层，再由中层将任务细分下去；下级反馈处理结果给中层，中层再把处理结果反馈给上级。不管是从上到下，还是从下到上，都需要这个"二传手"发挥作用。中层传递的是什么呢？命令、指示、要求、解决方案等，除此之外，中层还要传递一种情感，一种能够提升士气、释放激情的信号。在笔者看来，一名优秀的中层，一定是名非常到位的"快递员"。

小孙作为中行某支行的个金主任，认真做好行领导和网点之间的桥梁，是一位合格的协调者。平时她俨然一位知心大姐，经常下网点倾听一线的酸甜苦辣，积极为网点的业务发展出谋划策。她还会找一些客户经理、柜员谈心。在业务上，她对下属严格要求，耐心辅导，在思想上，她对下属正确引导。正因为她的热情真诚，许多网点主任、客户经理、柜员成了她的好朋友，同时网点与支行之间步调一致。

她始终认为自己没有什么过人之处，所取得的成绩也是领导关心和同事支持的结果，所做的一切都源于对中行事业的热爱和忠诚。质朴的语言代表了她的心声："选择了中行，就是选择了我的事业。为中行事业奉献青春，我无怨无悔。"

她认为业务的发展过程中，人的因素是第一位的。因此她紧紧抓牢三支队伍——客户经理、理财经理和大堂经理的建设，协助支行设计了绩效考核评价体系。支行个金部每月组织考核排名并兑现绩效奖励，对业绩表现差的员工跟踪督导，限期提升工作业绩。同时她要求支行个金部新营销人员在专项业务培训中学习，要求各网点以老带新，更要在实战中学习业务和营销技能，通过产品培训、晨会讨论、经验分享等方式熟练掌握产品特点和适用人群，迅速提升战斗力。

通过这些努力，2020 年她所在支行的贷款指标在全片区排名第一。个金新产品签约、个人有效客户也发展迅速。

沟通的最终目的是什么呢？不是拉帮结派，也不是树立"老好人"形象，而是建立和谐的人际关系，在这种关系的基础上，提高执行力和工作效率。在社会上，不会沟通，完全是寸步难行的。俗话说："朋友多了路好走。"在企业中，人际关系融洽，才能营造出良好的工作氛围，建立起管理秩序。沟通是一种能力，一种艺术，还是一种可以化解矛盾的武器。卡耐基指出：如果你是对的，就要试着温和地、有技巧地让对方同意你；如果你错了，就要迅速而真诚地承认。这要比为自己争辩有效和有趣得多。

第六章

做高层的好助手

♥

1. 服从领导：为上司树立权威

服从命令是军人的天职，也是每一名中层的天职。有人说："服从命令，是对上司最大的赞美。"这不仅是一种遵从权威的表现，更是一种职业道德精神的体现。身在职场，不能太过散漫、自由，也不能视命令为耳旁风。有一部电视剧《亮剑》，里面有一个人叫李云龙，他桀骜不驯，经常不服管，甚至有一些鲁莽、江湖气。许多人都很崇拜他，喜欢他骨子里的那种叛逆。但是李云龙真的不服管吗？真的就是军中刺头吗？真的这么叛逆吗？事实上，李云龙不仅服从管理，而且常念领导的旧恩，是个不折不扣的优秀军人。

有些人会问："如果领导的命令是错误的呢？"任何人发出的指令都有可能是错误的，中层既不可坐视不管，也不能"负隅顽抗"。如果需要沟通，中层也要尽这样的本分；如果沟通不畅，或者没有达成共识，中层也要朝着好的方向去做，不辱使命。有种说法，叫领导通常是对的。为什么？因为领导站得高，掌握信息全，看得远，战略部署有整体和局部、长期和短期的考量。需要强调的是，这里说的服从是一种尊重，并非阿谀奉承、拍马屁。有些中层为了达到自己的目的，戴上面具，在领导面前大肆吹捧，实际上是一种害人害己的行为。

战争时期，有一个人姓王，他是某部队的一名连长。有一次，上级有一个重要任务，让这个连殿后，做大部队的后勤保障工作。起初，王连长也非常纳闷，让一个冲锋连做后勤，难道是领导不相信自己？有一名排长沉不住气了，他向王连长发起了牢骚："咱们是冲锋连，不是后勤连，凭什么让我们干这个？况且，做饭、照看伤病员这事，我们也不会啊。"

王连长整理了一下思路，他并没有忘记军令如山这句话，然后说："上级给我们这样的任务，我们就要执行！不会怎么办？不会，我们不会学吗？"

"可是……"排长虽然有不同的意见，但是深知"军命不可违"的道理，因此便把话咽了下去。

战斗开始后，王连长的冲锋连成了后勤连，连队成员努力学习，弥补不足，以达到完成任务的目的。没有想到的是，当他们来到一个山坳，竟然中了敌人的埋伏。此时的王连长和他的冲锋连，终于明白领导的用意，于是他们拿起枪，帮助主力部队从后方开始突围。经过两天两夜的激烈战斗，王连长的冲锋连完成了突围任务，守住了革命后方。

王连长也是一名普通的中层，他的故事告诉人们什么是服从。所谓"服从"，就是对上级部署的命令毫无怨言，绝不保留地执行、完成，而且不讲条件，不计报酬，克服一切困难，有一种"兵来将挡水来土掩"的士气。英国哲学家洛克说："谦逊和服从使他们更适于受教导；所以事先尽可以不必过于注意自信的养成。最该花时间，下功夫和努力的，是使他们获得德行的原则、实践和良好的教养。这才是他们应该事先多加准备的事，免得后来容易失掉。"服从命令，也是一种良好的职业习惯的体现，如果中层习惯性地违抗命令，就会形成一种无底线的"叛逆"意识。这种意识完全是一种破坏意识，不仅对自己的处境不利，而且会影响下级，下级会用同样的方式对待任务。

因此，中层要服从上级的指令，并且能够常常处于待命状态。每一个老板都喜欢"听话"的助手，这样的助手就像他的一根神经，只要老板的大脑发出指令，就可以无条件地贯彻执行下去。

2. 读懂领导：为上司排忧解难

理解他人，是善待自己的一种方式。与身边的人相处，需要掌握一点"读心术"。松下幸之助说："以温柔、宽厚之心待人，让彼此都能开朗愉快地生活，或许才是最重要的事吧。"中层是上司的助手。领导发出指令，中层需要无条件执行。这种无条件，更需要理解领悟，需要中层充分读懂上司的安排部署。如果上司让中层向东，中层反而向西，或许中层不是故意的，但是暴露了存在的问题。因此，一名合格的中层，需要掌握上司的内心变化，继而配合上司的工作，为上司排忧解难。具体来说，中层要做好以下几点。

第一，绝不能挑战上司的权威。每一个人都有自尊心，何况上司呢？上司不仅自尊心强，而且权威地位不容挑战。作为一名合格的中层，应该讲究策略，既要维护上司的权威地位，又要把事情做好。如果上司的布置、安排存在争议，中层完全可以通过沟通方式去化解争议，切忌用消极工作的方式进行对抗。维护上司的权威地位，就是维护企业的形象。

第二，一切从大局出发。有些人会对某个高层存在看法，认为这个人水平不够，无法当领导，于是出于对上司的成见，工作态度十分消极。通常来讲，上司安排事情，几乎都会站在企业利益的角度，也就要求中层扩大自己的格局，能够换位思考。当中层不认同上司的部署时，应该及时停下来，多换几个角度，对整个过程进行重新思考定位。或许有之前看不到的地方，或许也有上司考虑不周全的地方。不管怎样，中层的态度一定要积极，不要挑三拣四，更不要"以小人之心，度君子之腹"，应适时放下自己的这种偏见，从上司的角度出发，从企业利益角度出发。

第三，常与自己的上司沟通交流。卡耐基指出：现实生活中有些人之所以会出现交际的障碍，就是因为他们忘记一个重要的原则，让他人感到自己重要。依笔者看，沟通有很多个目的，比如增进理解程度、消除隔阂与分歧、加强彼此印象等。有一些中层隔三岔五就往上司办公室跑，当然这绝不是"拍马屁"，而是通过汇报工作的方式与上司沟通。事实上，大多数上司愿意或者喜欢与自己的下属分享得失，只是有时中层不愿意提供这样的机会罢了。与上司多沟通，有利于领悟上司意图，并将这种意图充分贯彻到工作里。除此之外，沟通是一座桥梁，通过沟通，两个人的感情加深了，甚至有了一种革命友谊，这难道不是好事吗？

此外，"严以律己，宽以待人"是我国几千年流传下来的思想行为精髓，它不仅是一盏明灯，更是一种与他人的相处之道。给他人留有余地和尊严，设身处地站在他人的角度思考问题，就可以成人之美、成己之美。

3. 与领导保持适当距离：让关系简单清晰

俗话说："距离产生美。"两个彼此接触的物体，相互摩擦，同样会产生消耗。有个情感专家直截了当地说："想要让彼此的感情更深，就要适

11111111

当分开一段时间。"职场人，几乎每天有八个小时的时间与同事、领导在一起，时间久了，彼此都很熟悉。中行一位支行行长，不仅能够叫出所有员工的名字，甚至连他们的生日、家庭住址、家庭构成都掌握得"门清"，员工同样熟知支行行长的兴趣爱好、性格特点等，几乎到了"了如指掌"的地步。随着时间的推移，如果继续保持这种距离，大概就失去了神秘感和位置感。

戴高乐指出：除非与他人保持距离，否则他不会有威信。事实上，许多人都意识到了这一点，甚至连同居一室的夫妻都能感受到：保持适当距离，是一种相互尊重。这种恰当的距离，是"减一分太过疏远，加一分则太多亲密"。比如人们看一幅油画作品，离得太近，会看出画笔涂抹的"斑块"，简直是太模糊了；如果退后几步，则这画完全是栩栩如生。中层不仅要与自己的下属保持适当距离，与自己的上司也不能走得太近。记得某企业有一位中层隔三岔五就去领导家里。实际上，他只不过是与领导有相同的爱好——下象棋。久而久之，就产生了许多谣言。在笔者看来，职场是一个很敏感的地方，人与人之间相处更要谨慎。许多人都想与领导走得近一点，总以为这样是"近水楼台先得月"，领导若是推荐职位，能够提前排好队。

中行某支行的副行长老丁非常有能力去竞争下一任行长的位置。与两个竞争对手相比，老丁业务能力更强、人脉更广，与同事的关系也不错。

老丁有一个朋友，给老丁支招："老丁啊，昨天我可是看到，你的两个竞争对手去跑关系了。难道你就这么不紧不慢？不担心行长的位置被其他人抢了去？"

老丁笑了，对朋友说："其实这些事，都是不对的。咱们不能违背原则。领导知道我的脾气，我也了解领导的工作作风。是你的，就是你的；不是你的，也不要强求。做好自己就行，咱们要与领导保持一定距离。"

老丁坚持自己的做人原则，每天照常工作，处理文件，见客户，然后向领导汇报工作。在与领导接触过程中，老丁自始至终都没有打听竞选行长的进度，好像此事与自己无关。一个月后，竞选结果出来了，老丁当上了行长，击败了两个竞争对手。后来，老丁在某个会议上也特别强调了"人与人之间的关系"，他说："走得太近，弊大于利。既要耐得住寂寞，独善其身；又要与他人做好沟通，消除隔阂。"

人们的欲望，会让那种亲密关系变味，离得近便排斥，离得远则吸引。与领导的关系，要保持简单清晰，应该像地球与月球一样，相互吸引，但又彼此保持着距离，相互围绕，又彼此尊重……这是一种做人的智慧，更是一种自我掌控的艺术。

4. 常常向领导汇报：让工作高效

前面讲到要与领导保持适当距离，既要彼此独立，又要保持联系。许多人可能产生疑问：是否还要继续向领导汇报工作？先看看"汇报"的定义是什么。汇报就是综合材料向上级报告。汇报工作有两个特点，一个是阶段性，另一个是必要性。所谓阶段性，就是工作在某阶段的执行状态，好与坏、存在的问题及相关进度都要上报。所谓必要性，就是汇报工作是上级了解执行过程的重要渠道，也是上下级沟通的重要方式。汇报工作不是"打小报告"，更不是"套近乎"，是一种把控局面、防止意外的重要方法。因此，中层要养成汇报工作的好习惯，不要做"闷葫芦"和"保密者"，这样不利于工作开展。

有时候，领导在外地开会，或者忙于应酬，不方便接电话，中层面对这样的情况，该怎么办呢？中层如果遇到重要事情，或者自己处理不了的事情，要多次、反复地联系领导，如果大领导联系不到，就要联系其他相关领导，总之需要尽快做出反馈，汇报工作。如果该汇报的时候没能汇报，延误了最佳处理时机，后果是无法预料的，这一点值得广大中层注意。

汇报有一个重要作用：沟通。汇报是一个非常好的沟通理由，这个理由既充分，又合理。通过这种方式，领导可以全面了解到工作执行状况，并能根据实际情况给予正确的指导意见。与此同时，上下级可以通过汇报这一形式增强互信，从而提升管控力与执行力。许多中层通过定期或者不定期的工作汇报，可以向领导展示自己的想法。有一个成功者说："汇报完全是上级给下级提供的才华展示平台。"中层借助这个平台，可以让领导进一步认识了解自己，并发现优势和长处，对未来的发展十分有帮助。

想要让汇报卓有成效，中层要掌握一定的方法，比如提供相应的工作报告，借助数据、图表等较为直观的内容，有理有据进行有目的汇报。这样一来，领导能更为清晰地了解反馈信息，并给出最合理的指示。当然，汇报是一项严肃的工作，不要频繁汇报，也不要事事汇报，更不要故意隐瞒不报。汇报工作应该讲究"度"，还应该掌握一个原则：尽量在领导问话之前，主动进行汇报。

汇报是一门大学问，也是中层制胜的法宝。中层要好好利用汇报，把汇报当作一把利剑，时时刻刻把它带在身上。只有这样，中层才能让工作尽善尽美，继而达到领导的要求。

Part 3

好中层要践行"三大"管理

第七章

成功始于目标

1. 科学制订目标，走向理想彼岸

有人认为，人有远大的志向，能够忍辱负重，不屈不挠，才能取得成功。古往今来，许多成功者都有一个坚定的人生目标。科学制订目标，也是一名优秀的中层必备的技能之一。没有目标，工作就会失去方向，如同一只无头苍蝇乱撞。当然，也有人"撞到大运"，并声称："自己是世界上最幸运的人。"可是，职场是个残酷的地方，"撞大运"这等事少之又少，想要有所成就，当立下目标。

笔者发现许多人不愿意制订目标，理由五花八门。有的人对目标完全没有概念，认为目标是假设出来的，没有实际意义；有的人认为，目标就是一个"坟墓"，会提前透支自己的精力；有的人则完全没有制订目标的习惯，他们奉行"走到哪算哪"；还有的人，则担心制订的目标过于虚无缥缈，会伤害自己的人生积极性，从而远离目标，把目标当成一只凶猛无比的老虎。难道目标果真没有存在的意义吗？答案显然是否定的。

爱因斯坦说："在一个崇高的目标支持下，不停地工作，即使慢，也一定会获得成功。"目标不仅是一盏导航灯，更是一种动力源泉。有的人，立志成为一名被社会认可的人，现实中，他就会朝着这个方向努力；有的人，打算发明一个小东西，那么这件事就有可能成为现实。可以说，世界上任何一个发明创造，都是目标与想象结合产生的。成功不是"偶得品"，也不是"舶来品"，完全是自己努力奋斗的结果。

目标就像一个庞大的金字塔。1984年，一名日本马拉松运动员山田本一出人意料地夺得冠军，笔者认为，这件事就是目标奇迹。山田本一说："每次比赛之前，我都要乘车把比赛的线路仔细地看一遍，并把沿途比较醒目的标志画下来，比如第一个标志是银行；第二个标志是一棵大树；第三个标志是一座红房子……这样一直画到赛程的终点。"这些标志，就是每一个阶段的目标。中层不仅要有一个既定的、永恒的奋斗目标，也要为自己分解出若干目标，比如小目标、短期目标、中期目标、长期目标等。明确了这些目标，先朝着最容易实现的目标奋斗，就像打游戏过关那样，一步一步、脚踏实地去做、去完成。中层还可以把目标金字塔看成一棵大树，终极目标是树的主干顶端，短期目标是树上的绿叶和鲜花，既要长出"叶子"，也要开出"鲜花"，这样的人生才是完美的，有意义的。

管理大师德鲁克认为：目标不是命令，而是一种责任或承诺。目标并不决定未来，只是一种调动企业的资源和能量以创造未来的手段。后来他谈到管理者日常经营的问题，强调：经营目标能够被比作轮船航行用的罗盘。罗盘是准确的，但在实际航行中，轮船却能够偏离航线很远。然而如果没有罗盘，航船既找不到它的港口，也不可能估算到达港口所需要的时间。目标到底是什么？有何意义？人离不开目标，有目标的人才能有前进的动力和方向，才能提高自己的工作效率，缩短目标距离。因此，成功必然始于目标，也终于目标。

2. 巧用目标任务管理团队

许多中层饱受管理上的困扰，困扰他们的主要问题是如何管理好下属。前面讲过，有无为而治，也有有为而治。但是这些似乎太过抽象，要靠感觉去把握尺度。对于那些刚刚晋升中层的人来讲，这确实有些难。那么到底还有没有更好的管理方法呢？答案是有。员工并非都有远大的理想和抱负，有的人向往一成不变的生活，有的人向往有钱富足的生活，有的人向往安逸舒适的生活，有的人向往努力奋斗的生活。每一个人的目标不一致，如果将他们放在同一个战壕里，就会呈现出多种表现力……这也恰恰是员工难以统一、难以管理的地方。因此，中层管理者想要取得成功，就要借助一个共同目标，从而实现统一管理。

中行某理财部成立了一个名为"朝阳"的银行理财产品销售团队，这个团队的经理姓刘。刘某曾经在其他银行做过中层，带过团队，有很成熟的带队经验。

"朝阳"团队成立之后，遇到了许多挑战，主要挑战有三个。第一，有笼统的区域划分和销售计划，但是存在区域划分不明确、销售计划不完善等状况，致使个别团队成员钻空子，无法实现总体目标。第二，员工流失严重，不是跳槽到其他公司，就是无法胜任而选择辞职，原本 12 个人的团队，三个月后仅剩下 5 个人。第三，没有明确的"激励"政策，完全靠"口头协议"，许多成员渐渐失去了动力，采用敷衍的态度工作。它们如同"三座大山"，需要刘某马上解决。

管理大师德鲁克认为：企业需要的是一种管理原则。这种原则将使个人的力量和责任心充分发挥出来。与此同时，为人们的注意力和努力指明共同的方向，建立起协作关系，并使个人的目标与公共的利益相互协调……唯一能够承担此重任的原则是目标管理和通过自我控制进行管理。正因如此，刘某从制订管理目标下手，他先是将目标具体化、可操作化。他说："如果一个目标毫无实现可能，完全就是一句空话。"对于这个可实现、可操作的大目标，他又进行了分解，并根据难易程度划分为入门级目标、初级目标、中级目标、高级目标等。当他的团队成员看到这些有点像网络游戏任务的计划目标时，立马产生了兴趣。

除此之外，刘某把外企的激励制度也搬了进来，让奖励与目标结合在一起，以鼓励为主，以批评为辅。刘某的这个办法效果显著，当月就实现了理财产品销售额翻倍。

制订目标不仅是为了业绩，更是为了培养员工的一种自我管理习惯。有效的、具备操作价值的目标，就像一块吸铁石，它不但可以吸引员工的关注，还能让员工为此付出辛勤的劳动。一个好的管理目标，相当于一针兴奋剂。目标管理还是一种结果管理，它最终指向某一结果，这个结果可能是具体的，也可能是抽象的。率先达到目标者，也就是所谓的第一个"撞线人"，将会获得团队内的最高奖励。例如：许多公司都有劳模、销售状元、先进工作者，这些"称号"是一种荣誉体现，更是走上领导岗位的铺路石。目标管理的好处还有很多，它可以提高团队的整体运作水准，也能最大限度提升员工的能力。

当然，许多优秀中层还将目标纳入科学的绩效体系，让管理目标更加有效，更加规范。就像彼得·德鲁克所说：建立目标是一种平衡——在企业成果与遵循人们所相信的原则之间的平衡，在企业当前需要与长远需要之间的平衡，在期望的结果与可用的资源之间的平衡。

3. 熟练掌握目标管理的六个特征

许多家长会对自己的孩子说："认真学习，天天向上，语文、数学争取都考100分。"这不仅是一种期望，还是一种目标。这个目标是家长给孩子设定的，而孩子取得的成绩，最终还是努力奋斗的结果。可以说，一切管理源于目标，有了目标，才有具体的工作。

有一个管家，他手底下有三个人，因为卫生工作没有做到位，老板非常不满，打算将他们集体辞退。这个管家非常着急，心想：如果再找一份这样的工作，恐怕只能等天上掉馅饼。他决定挽救自己的工作，同时向老板证明：自己能够给老板一个干净、卫生、温馨的居住环境。

于是他召集所有人，开了一个小会。会议上，彼此可以自由发言，没有任何禁忌。轮到管家时，管家说："如果我们仅仅因为卫生问题而被辞掉，简直太可悲了。毕竟我们照料老板的起居、安保、饮食，之前从未发生过一次问题。是不是我们太过疏忽了？还是我们没有相关的要求呢？"

他的下属回答："管家，我们确实没有具体要求，以往，我们都是靠自觉，谁有时间谁去做。可惜……那一天，我的身体不舒服，我在床上躺了一天，没想到发生了这样的事情。"

"这事不能怪你，怪只能怪我自己，是我没有制定相关有效措施。"管家找到问题所在，于是启动了"第二计划"，准备挽救大家的工作。

他重新制订了工作计划和目标，并且分解到人。这个目标是科学的、细致的，甚至具体到马桶盖上的灰尘，看上去极具挑战性。为了取得老板的欢心，他们"拼了"。经过他们一个昼夜的工作，整个别墅焕然一新，甚至像刚刚翻修过一样。傍晚来临，老板驱车回家，看到自己的房子，感到十分震惊，他问管家："这一切都是你们做的？"管家回答："这一切都是他们的功劳，如果你要辞退一个人，还是辞退我吧，他们已经尽力了。"

老板非常欣慰，他握住管家的手说："如果你们把工作做到了这样的地步，我还要辞退你们，恐怕我会遭到惩罚。"

这样的成功，不是靠管家最后一搏，而是靠有效的目标管理。有效的目标管理有六个特征，每一个都值得中层去研究。

第一，目标管理具有层次性。

目标如同一座金字塔，有主要目标，也有次要目标；有终极目标，也有阶段性目标。每一个人、团队都应该有一个最终目标，最终目标之下，又有无数个小的目标。就像盖楼，每一块砖头就是一个小的目标，当所有的小目标搭建在一起，就能形成一座楼房。因此，中层制订目标，要注重目标的层次性，切莫含混不清、混为一谈。

第二，目标管理具有多样性。

目标不仅有层次之分，还有形式上的差别。每一个人的生活、工作习惯和行为方式都存在差异，极具个性的目标更像是抓"药方"，也有较大的灵活性和特异性。管理者要考虑这些差异，并对不同的目标进行多样化管理。

第三，目标管理具有可参考性。

任何目标，都有一个参照物。比方说，医院某科室针对某个疾病，治疗手段和结果可参照更加厉害的同行。这种方式，就是给自己或团队找一个竞争对手，从而接近它、超越它。银行有许多销售团队为了打破销售纪录，常常加班加点，不畏辛苦，这种拼搏精神非常值得表扬。

第四，目标管理具有可接受性。

中层不能把目标设置成天上的星星，即使踩上"高跷"，也攀登不到这样的高度。一些中层为了面子，常常制订一些很"浮夸"的目标。这样的目标，根本完成不了。所以，中层在制订管理目标时，要考虑其可接受性和可操作性。

第五，目标管理具有可挑战性。

目标高了，无法挑战成功；目标过低，则没有任何挑战价值。因此，中层在进行目标管理时，应该参照员工的工作能力和过往的成绩，在可接受范围内，设定合理的目标任务。

第六，目标管理具有反馈性。

中层更要考虑目标的连续性，以及相关的技术、信息反馈。只有了解执行过程中存在的问题，才能重新设定解决方案，把目标管理过程当成一种评价过程。

掌握目标管理的六个特征，就如同掌握一门技能的具体要领。学其功，更要得其要领，只有这样，才能取得更好的成绩。

4. 活学活用"SMART"原则

管理专家巴纳德认为：目标管理的最大好处是，它使管理者能够控制自己的成绩。这种自我控制可以成为更强烈的动力，推动他尽最大的力量把工作做好。如果把目标当作一艘船，目标管理则是整理、调整船帆。当下，非常流行"SMART"原则，可以称呼它为"聪明"原则，"SMART"就是英文聪明，也是英文"Specific，Measurable，Attainable，Relevant，Time-based"首字母的缩写，即具体的、可度量的、可实现的、与目标相关联的、有时效的。如果中层干部学会使用"SMART"原则，它将会在工作中发挥很大的作用。

Specific，目标一定是明确的、可以用具体语言形容的，如果是一个模糊的、朦胧的、含混不清的目标，恐怕很难被抓住并实现。例如，银行柜员把"提高服务质量、深挖客户潜力"当作目标，这个目标一目了然，而且非常明确，并指向最终结果。中层制订管理目标，一定要规范、明确、醒目。比如"月存款额1000万元"，这样的目标简单明了。有的人，为了完善目标，还会在旁边注释如何完成目标，如何发力，标准是什么等。这样的做法非常好，就像是给一板感冒药配上一张服药说明书。

Measurable，目标不仅要明确，还要可衡量，它可以是一个数字，比如一个长度数值。比如跑马拉松，通常而言，马拉松全程约42公里，42公里就是目标实现的距离；如果需要挑战者在3小时内跑完，那么3小时则是目标成绩。不管是时间、空间，所有数字都是可以衡量的，即使有人半路退出，也不会影响后面的人继续比赛。目标衡量标准是能量化则量化，不能量化的则质化。如果一个目标，没有"参照物"，也没有时间、空间上的限制，就是一个虚无缥缈的目标，朝着这样的目标努力，时间久了，就会陷入迷茫。

Attainable，目标就像树上结的果实，一定要够得到、摘得到。如果拼尽全力也达不到，这样的目标是不符合实际的，它只能是一个口号而已。当然，目标还需要被员工接受，如果这个目标是硬塞进来的，完全不符合员工的利益，也是难以实现的。制订目标时，广大中层需要认真思考，能够让员工主动参与目标管理，不能完全靠管理手段进行控制。世界上，没有人愿意员工被动工作，只有发挥员工的主动性和创造性，才能把工作做好，继而完成目标。

Relevant，与目标相关的东西，可以看作一道门上的螺丝钉和门闩，如果这些东西坏掉了，这扇门就只是"徒有其表"了。比如，让员工们多学习计算机和外语，这些看似用处不大，但是可以通过提升个人综合素质的形式间接影响目标实施，从而缩短与目标的距离。

Time-based，如果没有给目标规定时间，恐怕这样的目标永远也实现不了。博尔特跑 100 米的世界纪录是 9 秒 58，跑 100 米的时间如果小于它，就是打破世界纪录，如果接近它，同样是接近人体极限的。倘若没有给 100 米短跑规定时间，参赛者完全可以采用散步的形式完成比赛，如此一来，目标还有什么意义呢？中层可以根据任务的轻重缓急进行目标设置，也可以设定阶段性的目标，比如月目标、季目标、年目标等，在执行目标的过程中，还应该随时把控工作进程，并适当给予员工指导，保障目标航线不偏离。

"SMART"原则的五个要素是相互联系、相互影响的，缺一不可。想要把目标管理做到位，中层就要活学活用"SMART 原则"，把它当作一种框架，从而制订科学合理的管理目标。

5. 给下属提供支持：细化分解目标

有一个著名的心理专家，他做过一个实验。他将 15 个人分成三组，每一组 5 个人。三组人完成同一件事——徒步走向远方的一个旅游景点。

第一组，心理专家只是要求他们往前走，也没有说要走多久，路程有多远，只要跟着导游走就行。走了五公里，有一个成员开始发牢骚："我们到底去哪儿？简直是漫无目的啊。"导游回答："你跟着就行了，到了之后，你自然就明白了。"五个人漫无目的又走了几公里，他们感到又累又绝望，最后他们集体选择退出，不再继续前行了。

第二组，心理专家给他们一个坐标，这个坐标就是某著名旅游景点，但是依旧没有提路程的事。五个人在导游的带领下，坚持往前走，走了 10 公里的时候，有个人问导游："还有多远？能不能休息一下？"导游说："再坚持一下吧，应该不远了！"等到他们看到远处的景点，立刻被美景所吸引，于是他们加快了脚步，一鼓作气成功走到目的地。

第三组，心理专家不仅给了他们坐标，而且告诉了他们徒步距离和徒步过程中的注意事项。这一组人一上路，就自信满满，脚下生风，充满着力量。在导游的带领下，沿途他们有说有笑，气氛既轻松又和谐。抵达目的地时，他们显得非常兴奋，脸上始终挂着微笑。

通过这个实验，可以看出目标的重要性。如果进一步将目标细化，每一步都有参照物，不仅能够提升士气，而且有助于人们克服困难，将目标转化为现实。细化目标，就像第三组实验，给执行者"说明书"和"参照物"，根据这些细节，执行者能够了解工作的进度，每完成一个小目标，还可以鼓励一下自己，给自己足够的信心和勇气。以前中行某支行有一个老行长，他总会将年任务完全拆解开，分成季度任务、月任务，甚至周任务、日任务等。许多员工得知已经超额完成当日目标，就会有一种成就感。依靠这种细化目标的管理方式，这家支行在片区内各项成绩都名列前茅，行长收获了业绩，员工收获了奖金。

事实上，一个远大的目标，距离我们脚下，恐怕是有很长一段距离的。攀登珠穆朗玛峰是非常艰难的挑战，沿途非常凶险，稀薄的氧气和极度寒冷会成为一种阻碍。那么人们为什么还可以战胜它呢？如果将登顶珠穆朗玛峰的路线展开，可以看到，沿途有不同的营地，也就是说有一些坐标，每两个坐标之间，就是一个挑战路段。如果没有这些坐标，恐怕人们在攀登过程中，会失去自信。每艰难挑战成功一个路段，都是值得肯定的。当所有的路段都挑战成功了，奇迹也就诞生了。所以说，对于一个宏伟的目标，要将其分解，挑战无数个可能，拼凑起来就成了不可能。

　　托尔斯泰表示：人要有生活的目标，一辈子的目标，一个阶段的目标，一年的目标，一个月的目标，一个星期的目标，一天的目标，一小时的目标，一分钟的目标。中层学会了细化分解目标，就是给员工一种有力的支持。这种管理方法，既科学，又卓有成效。对于中层管理者而言，科学合理细化目标，就是管理成功的一半。

第八章

靠流程规范管理

❤

1. 优秀的流程决定管理成败

管理大师德鲁克认为：真正管理好的企业，外部看起来是风平浪静的，因为每个人、每个部门都知道流程该如何往下走，内部和外部的循环是良性的，相反，那些没有明确流程的企业，往往目标远大，执行乏力，随意性太强。对于 21 世纪的企业来说，流程非常关键，优秀的流程将使成功的企业与其他竞争者区分开来。流程是非常重要的，它能够在管理过程中起到非同小可的作用。

肯德基就是靠流程起家。有人说："对于企业而言，第一位是流程。"流程如同自行车上的链条，只要链条正常运转，自行车就可以正常使用，无须在意骑车人的水平。如果链条断掉了，即使是自行车高手，也束手无策。管理流程到底是什么呢？其实，管理流程就是管理者为了提高对企业、员工的控制力，降低经营成本、提高工作效率和服务质量，而设定的操作过程。管理流程通常分为三部分。第一部分是设计模块，也就是人们常说的流程图。流程图可以较为直观地展示整个操作过程，即第一步是什么，第二步要怎么做，一步一步提醒，直到产生最后结果。第二部分是运行模块，它是整个管理流程的核心部件，可以把它当成启动流程的一个按钮，这个模块的作用就是启动流程、发送流程、接收流程、执行任务。第三部分是监管模块，也就是"监督工具"，任何管理流程都要在第三方监督下进行。这样不仅可以有效防止问题，一旦流程运行出现意外，还能够随时暂停修正，继而完善整个流程。中层不仅要学习使用流程，还要懂得设计流程。流程是一个工具，科学、严谨、好用的流程，完全可以取代人的管理，形成一种有保障的管理循环。

近几年，银行业经历了资本市场的冲击。小孙是南方中行某支行个人金融部负责人，该支行个人金融部在正确领导下，交上了一份令人满意的答卷，多项指标名列前茅。

小孙深知，作为一名管理者，必须加强内在修养，熟悉业务，与分管行长思想高度统一，认真学习上级行各项文件规章制度，掌握新知识，接受新观念，用心领会"细节决定成败"。她认为，首先要统一个人金融部员工的思想，再统一网点行长的思想，让网点行长们愿意做，让员工抢着做。她带领个人金融部落实各项活动竞赛、考核方案的制订、宣导、跟进。

小孙采取了多项工作措施助力个金业务的发展，包括编制银行营销工作指引，开展客户经理队、大堂经理队、柜员队、网点副职队的"天天有产出、月月有突破"业务竞赛，成立以网点为单位的"金点子"课题小组，充分调动网点员工的积极性。通过"天天有产出、月月有突破"的活动模式，持之以恒地抓基础客户、产品销售等工作；并将银行工作指引、产品营销重点等材料分别变为可打印的表格，让网点员工将重点工作"随身带"，不仅简化了管理，更突出了重点，得到了中行其他机构的认同，个金条线业务管理工作成效显著。

　　要让流程说话，流程是将说转化为做的工具之一。管理流程可以从宏观到微观进行转化、渗透，还可以让理想变为现实，实现从低到高、从不规范到规范。管理流程体现了一种思维，这种思维能够在管理中产生聚变。有人会质疑："万一流程出了问题怎么办？难道还要推倒重来？岂不是浪费资源？"笔者认为：管理流程需要经过大量推演试验，运行趋于稳定的时候，才可以拿出来使用，否则它会成为一枚"定时炸弹"。管理流程中的监督模块，也会对流程进行实时监控。所以，稳定的、成熟的管理流程完全可以成为中层的管理工具，中层积极使用、善于使用它，就能提高管理效率，从而提高员工的执行力。

2. 熟练掌握流程设计原则

　　有人把流程当作流水线工艺，认为它拥有一套完整的系统，人们可以连续地、按照一定的规律，规范行动，从而得到目标结果。一个流程有许多"节点"，每一个"节点"代表着一个新阶段的开始。例如，制作一件衣服，要先测量，然后打版，之后选择布料进行裁剪，最后才是缝制……严格按照这样的流程，才能又快又好地做出一件衣服。一个企业并非只有一个流程，每一个部门都有自己的管理流程，银行高柜有高柜业务办理流程，银行销售有针对客户的销售流程。如果中层想要设计一套符合自己部门的流程，需要了解并掌握管理流程的设计原则。那么到底有哪些原则呢？依笔者看，流程设计有以下五个原则。

　　第一个原则：树立管理理念。

　　管理流程相当于中层的一只手，这只手不但拥有管理者的基因，还树立了一种管理理念。什么是管理理念呢？就是对管理的一种重新定义。管理理念不是一种"决策理念"，它更像是对管理的解构与组合，可形成一种"聚众"效应。每一个企业都有自己的管理、经营理念，比如某个企业的管理理念是"质量是生存之基础，创新是发展之根本"。透过这个理念，大家可以看到两个因素：质量与创新。因此，其整个流程也会强调这两个因素的重要性。树立管理理念，就是给流程注入管理者基因，让管理有生命力。

第二个原则：确定管理目标。

设计任何流程，都有起点和终点，如果没有目标（终点），这样的"流程"就不能被称为流程。笔者发现，许多管理者为了"赶时髦"，依葫芦画瓢，从网上随便拷贝一个流程，然后照搬照抄，最后发现，效果很差。原因是什么呢？原因在于其没有根据实际，确定属于自己的管理目标。这个目标是不可复制的，中层只有通过日常实践、总结，才能得出准确的管理目标。

第三个原则：应对突发状况。

如果把流程当作一条线，这条线就是企业的生命线。生命线一旦出现问题，就会带来严重的后果。事实上，世界上没有完美的管理流程，只有不断升级和完善的管理流程。有的中层管理者，面对突发状况，会显得手足无措。因此，在设计管理流程的时候，中层应该提前想到可能出现的问题，给其加装一个"保护阀"。即使发生了意外，中层也有时间和办法去应对，然后对管理流程加以完善。

第四个原则：设定绩效考核指标。

什么是绩效考核指标呢？就是参照一定的标准，结合科学的方式方法，对员工的业绩、工作态度等进行可量化检查和评估。有了绩效考核指标，员工的工作态度会更加积极，工作效率也会更高。管理流程不仅是一个简单的流程，还是一套绩效管理体系。如果没有绩效管理，管理流程就沦为"过场"，大家随便走一走就可以了。因此，将绩效考核指标和管理流程相结合，才有实际价值。

第五个原则：体现核心价值。

管理流程并不是一条普通的流水线，不是只要把任务完成了，就万事大吉了。事实上，管理流程还体现出企业、组织内部的核心价值观。比如飞利浦公司的核心价值观是客户至上、言出必行、人尽其才、团结合作。事实上，这些公司在创造管理流程之前，就已经将核心价值观注入其中，从而形成一种统一的、自上而下贯彻始终的精神力。即使员工脱离了流程，也会在核心价值观的帮扶下，重新回到轨道。

除了掌握这五个原则，中层还要思考一个问题：如何才能让知识和经验在流程管理中得以继承？总之，管理流程是一个非常好的管理工具，它需要中层去大胆实践、尝试，中层只有用心用力，才能设计出一套高效的管理流程。

3. 优化流程：让执行更加高效

管理大师柯林斯表示：千方百计请一个高超的专家医生，还不如请一个随叫随到且价格便宜的江湖郎中。如果一名中层能够按照流程办事，进一步优化管理流程，将会让执行变得更加高效。

有人说："一流的企业靠流程，二流的企业靠干部。"这句话可能有些绝对。但至少目前，许多企业借助管理流程走上了康庄大道，这足以让人们认真思考。以前，有位老行长说："如果每一个人都能够自觉，那我们还需要制度吗？"事实上，如果没有了制度约束，恐怕一个企业、一个组织早就乱作一团了。笔者认为，企业管理有两大"主角"，"男主角"是制度，"女主角"是流程，他们相互配合，相得益彰。制度为流程提供边界和标准，流程在此基础上为员工指明了目标、资源，从而借助他们，形成执行力。如果把制度看成一条跑道，那么流程则给跑道提供了方向和路径，对于制度优化、完善非常有用。

当然，这仅仅是大的方面。想要让管理流程更加科学实用，还要从某些细节上下功夫。例如，一张渔网，因为网孔和铅坠的问题，捉不到某一类鱼，要对渔网细节进行改造或修补，比如把渔网网孔改小，把铅坠的重量增加一些。优化流程，不是对流程进行大面积开刀，而是在细节方面进行处理。如果选择彻底更换流程，则要消耗大量的时间和人力进行调试。如何优化流程呢？从哪里开始下手呢？依笔者看，可以从三个方面进行优化。

第一，从员工方面进行优化。

管理流程再完善，执行命令的人依旧是员工。如果没有员工，管理流程就是一个摆设。现实中，每一名员工的性格、工作特点、喜好等不同，如果完全按照"单一"模式进行管理，恐怕会让许多人苦不堪言，时间久了，执行效率就会降低。管理者要充分考虑到这些细节，在优化用人方案的前提下，协调好员工与工作活动的关系。如果中层把管理流程当作一个冰冷的管理工具，那就大错特错了。管理流程完全可以是充满人情味的、个性化的，其可以是一个展示平台。员工可以借助这个平台提升并实现自我价值。甚至一个员工可以同时扮演多个角色，从而提升自己的综合素质。

第二，从部门方面进行优化。

现代企业管理就是充分体现每一个部门的优势，继而"强强联合"，体现管理流程的先进性。但是当下，有些企业在管理方面存在一个比较明显的问题：部门与部门之间界限不清，甚至出现一个问题三个部门都管，或者多个部门都不管的情况。如果坚持用同一套流程进行管理，就会出现脱节问题。因此，要通过"责权划分"进行管理优化，为流程扫清障碍。

中层则要根据每一名员工的工作范畴、工作角色进行责任划分。只有明确了权限，才能体现管理流程的优越性。

第三，管理者自身优化。

设计流程的人，就应该为管理流程做好值班、监督工作。因此，中层要提高警惕，提高自己的责任心和应变意识，真真切切地把管理流程当作自己的一只手、一只脚，这样才能让管理更有效，让执行更有保障。

优化流程是管理过程中的一个重要课题，中层管理者需要不断地对流程进行优化、升级，通过这种方法才能让流程更科学、更安全、更有效。

4. 乘"流程"东风打造企业文化

管理流程的应用范围非常广，它可以是一条生产流水线，可以是一条质检流水线，可以是一套经营管理系统，也可以用来打造企业文化，完善企业精神建设。

企业文化是由价值观、信念、符号、人文关怀等元素组合而成的，其会影响企业形象，其会在企业的生产经营服务管理等方面体现出来，是企业的灵魂。借助企业文化，管理者可以把企业管理得井然有序、更富有活力。管理者可以借助管理流程打造高标准、具有执行精神的企业文化。

企业文化流程设计是一件复杂且令人头痛的事。与管理流程不同，企业文化流程应该在企业经营理念方面有较为显著的体现，它需要管理者做好三个准备。

第一，整理、总结内部资源信息。

这些信息可能非常庞杂，因此要进行严格分类，再集中进行归纳总结。这些信息相当于企业内部数据，收集时要做到科学而具体。同行业竞争对手的信息可以借助竞争对手的档案和各种经营数据进行统计；公司人员构成信息可以由人力资源部单独完成整理；至于公司现有的战略目标、战略计划以及实施细则，需要相关部门进行整理。每一个部门都有自己的任务，部门中层在这里面起到至关重要的作用。只有将信息收集、整理到位了，才能对症下药，给出最合理的方案。

第二，借助"文化诊断工具"分析企业价值体系。

笔者在这里介绍一种"文化诊断工具"——丹尼森组织文化模型。这个模型由著名管理学教授丹尼尔·丹尼森设计，其原理是借助"适应性""使命""参与性""一致性"对企业文化进行诊断，并得出结论。熟练使用这个模型，可以大大提高流程的制作效率。"适应性"主要指企业对外部信号做出的快速反应；"使命"则是企业的终极"利益"，这个"利益"是否符合员工的愿景，是非常重要的；"参与性"是对参与者（主要指员工）的工作能力、责任感、思想道德等的培养与完善，使他们完全融入企业行为；"一致性"是一个衡量标杆，这个标杆像是一个温度计，用来测量企业是否拥有强大的凝聚力。借助这一"文化诊断工具"，就能够清晰发现存在的问题，并加以修正。

第三，进行企业文化设计。

根据前面两个准备，可以提炼出企业的历史使命、愿景、核心价值观和企业精神。这些元素就是用来撰写"企业文化纲领"的重要内容。企业文化一定是最精华的部分，它甚至是企业这艘航母的发动机，如果不能将其提炼出来，企业在航行中就会出现问题。中层作为企业文化设计的重要参与者，也要注重个人修养的提升，这样才能掌握核心，帮助打造企业核心价值体系。

到了这个阶段，完整的企业文化流程还不能立刻投入使用，还需要进行大量时间和实践去论证。现在流行一种"企业文化建设5P（梳理、解析、定位、成果与计划、提升）路径"，中层可以参考使用，从而成功打造企业文化流程。

5. 善用流程评估方法

随着利率市场化改革的推进，市场空间打开了，同业市场异军突起，成为各家银行新的利润增长点。如果说同业大时代的来临造就了一批市场的"弄潮儿"，那么小刘无疑是其中转型极快、表现极精彩的一个。前几年，中行某分行意识到同业发展的时机来了，选择了具有扎实财会功底和管理经验的小刘，组建了金融机构条线3人团队。对她而言，从二线到一线，这是一次不期而至的转变，也正是由于这次转变，她了解到了市场的魅力。后来，她带领团队积极开拓创新、锐意进取，通过走向全国市场，为实现全行经营目标不懈努力。

同业市场面向全国，市场大、竞争也大，如何巩固与同业客户的关系，直接影响业务的持续性。由于审批时间往往在下午，划出资金多数接近大额系统的下机时间。小刘根据这一情况，对流程进行了评估，然后进行了优化与完善。为确保资金顺利到账，除依靠省行金融机构部安排专人紧盯资金外，她还安排专人负责资金清算的进度，做好应急预案。有一次同业客户提供的资料出现了纰漏，当时已临近下午三点，她带领团队成员有条不紊地联系客户变更资料、与省行沟通应急方案。当客户以为当天已无法起息时，惊喜地在大额系统下机前收到了好消息。对方主管对小刘的团队成员说："很多同业说是服务优先，但你们行是真正做到了关注每个细节，用科学管理流程规范日常工作和服务。"

正是由于这样的服务，与这家分行合作的伙伴"忠诚度"很高，不仅存量业务到期后仍首选这家分行合作，有新业务机会的时候也常常会主动分享，形成了紧密的客户关系。

笔者认为，评估可以让流程得到优化、改进，根据评估意见，中层还可以对管理进行重新定位。管理流程绝不是一成不变的，更不可能"延用"一万年。任何东西都有老化或过时的时候，借助评估法则，才能够让管理流程保持长期竞争力。目前来看，常用的流程评估方法有四种。

第一，问卷调查法。

问卷调查法是最常见、操作最简单的方法。问卷通常以选择题为主，以描述题为辅。许多企业都采用这种方法，对管理流程中的常见问题进行评估。这种方法具有广泛性和代表性，并且易于统计，可以在短时间内完成分析。问卷调查法可以采用实名制，也可以采用匿名制。中层管理者可以采取这种方法优化部门管理流程，增进上下级之间的有效互动。

第二，座谈研讨法。

座谈研讨法过去常被高层采纳，现在，许多中层也采用这种方法进行评估。座谈研讨法可大可小，大则所有人共同参加，集体发言；小则个人约谈，采用一种面对面的交流方式。还有一些管理者把座谈研讨法演化成"头脑风暴法"，让每个人都能够积极参与进来，发挥自己的想象力。座谈研讨法最大的特点是组织灵活，随时可以进行。

第三，案卷调查法。

这种方法通过案例入手，经过分析、调查、研判，从而得出结论。有一些企业非常聪明，建立了案卷库，将企业内或者同行业中的重大案例进行汇总、整理，从中找到管理流程缺失项，然后进行补充。

第四，现场调查法。

这种方法是一种较为直观的评估方法。俗话说："百闻不如一见。"当下，许多管理者穿上工作服，戴着工作帽，深入现场。表面是"监督"，实则是观察、调查，从中获取现场第一手材料。通过现场调查，管理者能够发现企业与同行之间的差距，也能较为清晰地了解现状，并对现场存在的问题加以纠正，进一步优化流程。

除此之外，还有约谈举证法等，中层可以根据部门的实际需求，选择适合本部门的流程评估方法。把评估当成一种武器，可以让管理流程更完善。

第九章

完善绩效体系，事半功倍

1. 绩效管理：让执行力达到期望值

绩效就是一种"有效输出"，从字面上讲，"绩"就是成绩，"效"就是效果。管理大师德鲁克一生都在推行绩效管理，他曾表示：为了控制自己的绩效，管理者单单了解自己的目标还不够，还必须有能力针对目标，衡量自己的绩效和成果。绩效管理的终极目标是提高执行力，结果目标是成绩最大化。

对于一名中层而言，想要解决执行力的问题，先要分析并找到影响执行力的因素。笔者认为，影响执行力的因素有很多，常见的有以下几点：第一，有目标，但是没有将目标分解，并落实到个人；第二，有分解任务，但是没有执行任务的计划；第三，有执行任务的计划，但是缺少保障计划实行的措施；第四，有保障措施，却没有行动规范；第五，有行动规范，但是缺少相应的奖罚机制；第六，有奖罚机制，但是缺少评估、改进、提升机制。中层需要深入分析、调查，找到问题，继而想到解决问题的办法，并加以改善。除此之外，每个人的"视野"和"格局"都是有限的，中层管理者可以通过意见征集等方式对这一局面进行有效化解。

值得提醒的是：中层管理者在绩效管理中，不应该过分强调结果，这样做，有可能会导致员工为了追求眼前利益，而牺牲长远利益。所以，中层在实际管理中，应该将过程与结果结合在一起，通过提升员工的工作积极性以及责任感，将内部绩效环境调试到位，全面提升员工的执行力。只有这样，绩效管理才更有效果。

2. 熟练掌握绩效管理的六个环节

正所谓："十年树木，百年树人。"这句话强调注重"培养"的过程才能出现良好的结果，这一点与绩效管理颇为相像。有个管理学者说："企业是个实实在在的地方，必须讲求时效、讲求绩效，任何人的苦劳都代替不了绩效。"所以，中层要学会绩效管理，将绩效管理当作一件管理武器。依笔者来看，绩效管理有六个环节。

环节一，做好梳理工作，并提出相应方案。

部门有大有小，员工有多有少。古人言："工欲善其事，必先利其器。"要想把工作做好，就要有所准备。那么要具体准备什么呢？第一，要对组织或部门内部进行梳理，比如有哪个岗位是多余的，哪个岗位存在空缺，哪个岗位管理比较混乱等。把这些存在的问题，一五一十地摆在眼前，然后归类。第二，绩效管理就是一个优化的过程。根据存在的问题，中层可以提出相应的"整改"方案。现在有一些企业还专门聘请了绩效管理团队进行专业操作。

环节二，结合实际，制定绩效战略。

绩效管理是追求结果的，这种结果通常是一种"长远利益"，短期结果只能是完成一种阶段性任务。《管子》有云："一年之计，莫如树谷；十年之计，莫如树木；终身之计，莫如树人。一树一获者，谷也；一树十获者，木也；一树百获者，人也。"授人以鱼不是目的，授人以渔才是根本。中层要有一个长远的目标规划，这个目标就是绩效战略的最终指向。事实上，有一些绩效战略在运行过程中会沦为"鸡肋"，问题出在哪里呢？许多中层在执行过程中，发现执行难度太大，于是采取一种"双标准"模式。其实这是一种"掩耳盗铃"的行为，最后起不到任何作用。所以，中层要结合部门的实际状况，把绩效战略制定得合情合理。

环节三，确定绩效考核指标。

绩效考核指标是一个具体的数字，这个数字与企业的总体规划和制定的绩效战略要紧密关联。例如，某企业给部门下达的任务为年利润达600万元，而该部门为了提高绩效，给自己设定了年利润达700万元的战略目标，如果分解下来，就是月利润约58万元的绩效考核指标。当然这个指标不是一成不变的，中层可以根据淡旺季进行调整，还可以组建沟通团队，集体确定绩效考核指标。

环节四，根据绩效考核指标，对下属进行辅导。

许多员工并不知道绩效管理是什么，他们常常将工作计划与绩效管理混为一谈。因此，中层需要对其进行解释。绩效管理是上下级之间的对话交流内容，包括绩效目标执行到了哪里，在哪里出现了什么样的问题，问题如何解决等。中层需要在沟通过程中，对员工进行有序辅导。有人说："好的管理者，也是一名好的辅导员。"辅导对于绩效管理的实施极其重要，甚至起到决定性作用。员工经过辅导，掌握了要领，自然而然会提高执行力。

环节五，阶段性进行绩效沟通。

中行有个领导就做得非常到位，他每周固定在某一天下午两点到四点与下属开展一次沟通交流会。这个交流会一直延续了很多年。交流会上，员工与领导积极沟通并交换意见。工作中存在的问题，大家都可以提出来，许多问题在交流会上就能解决。绩效管理同样需要这样的沟通，尤其是这种阶段性的沟通。中层要放下自己的架子，时时利用这种沟通对执行过程"把脉"，还要想办法与员工打成一片。只有在团队成员思想、利益达成一致的情况下，绩效管理才能顺利实施。

环节六，建立绩效激励制度。

笔者认为，想要达到某个高度，需要一个"药引子"，这个"药引子"就是激励制度。一个孩子学习成绩不好，如果适当鼓励他，他可能会认真学习，成绩可能会有所提高。对待员工，应该将物质奖励与精神奖励相结合，让员工们真真切切地感受到绩效管理的好处。

绩效管理看上去有些费事，实际操作并不难。如果是第一次做，没有既往经验，可以借鉴成熟的绩效管理模板，借助"SMART"原则，根据实际情况进行调试。

3. 借助沟通进行绩效管理

沟通是一个老生常谈的话题，人与人之间离不开沟通。沟通是桥梁，通过沟通，人们可以各取所需，沟通是心与心相连的方式。管理者通过沟通，可以打造高效团队，提高执行力。松下幸之助认为：企业管理过去是沟通，现在是沟通，未来还是沟通。企业家葛洛夫认为：有效的沟通取决于沟通者对话题的充分掌握，而非措辞的甜美。管理片刻都离不开沟通，尤其是绩效管理。

余世维在《打造高绩效团队》中指出：往上沟通没有胆（识）；往下沟通没有心（情）；水平沟通没有肺（腑）。这是不少企业存在的问题，他是想告诉人们，沟通不仅需要胆量，更需要智慧。绩效管理有时候只是一个工具，或者一种方式，最终将其贯彻下去的还是人。只要存在人为因素，就需要沟通。记得中行某一名老行长，常常作为听众，参与到沟通中来。当他听到问题，便会用一种平和的态度给员工解答。通过这种方式，员工们掌握了工作要领，执行力大大加强；老行长的管理工作也更加顺畅，管理环境也更加阳光。在笔者看来，沟通是整个绩效管理工作的重点，中层一定要善于沟通，多做沟通，让沟通成为管理工具。

第一，沟通要讲究民主。

绩效战略并不是根据目标而制订的，相反，它是根据"人"制订的。有一些聪明的管理者，会让员工参与绩效管理方案制订工作。这样一来，绩效管理不但能体现民主，也能较为客观地反映现状。绩效目标是一个"双向指标"，绝不能是一条"没有回头路"可言的单行线。如果管理者只是从自身利益出发，忽略员工利益，有可能会致使员工积极性下降，导致工作无法推进。中层一定要俯下身子，倾听员工的意见和看法，与员工多沟通，将绩效管理打造成为一种舞台，在这个舞台上，大家都可以积极展现自己的风采。

第二，沟通是一个纠错过程。

火车长时间行驶，车轮会逐渐变形，车轮下的铁轨因长期摩擦等也会出现问题，如不及时检修，有可能会酿造悲剧。绩效管理就像铁轨上行驶的火车，同样需要管理者进行保养和维护。有一个部门管理者，他每个星期都会下一次车间，去车间的目的有两个：第一个是与一线员工沟通交流，第二个是查找问题纠正错误。一年时间内，他通过沟通，发现并纠正大小错误30多个，充分保障了绩效。中层需要这样的实践，以便发现问题并及时解决。如果采取不管不问、置之不理的态度，"火车"就有危险。

第三，沟通可以让考核目标深入人心。

沟通的目的是消除管理上的障碍隔阂，中层不管说什么话、做什么事，都应该让员工心服口服。沟通不仅仅是靠嘴巴说、靠耳朵听，有时候还要身体力行。只有将考核目标与员工的实际工作状况结合起来，通过绩效沟通，才能让考核目标深入人心。

葛洛夫认为：我们沟通得很好，并非决定于我们对事情述说得很好，而是决定于我们被了解得有多好。因此，沟通不仅是桥梁，还是一种改善情感、平衡环境、促进和谐的大智慧，很值得广大中层去思考、去做。

4. 改进绩效管理：提高执行效率

南方中行某省行渠道管理与网络金融部（简称渠网部）的工作人员老傅，是一名中层，另外，他是一名优化、改进绩效管理的能人。

渠网部是省行新建的部门，网点管理工作又是个金、运控、人事等部门职能整合而成的。为了提升条线管理能力，老傅通过改进绩效管理，建立条线联系人制度，梳理部门相关人员的职责，从而做到上传下达。与此同时，他积极筹办条线人员培训班，加强对分行的调研工作，形成了上下通畅的条线联系机制和平台，解决了基层网点的实际问题。老傅还将专业支行作为提升网点效能的一个重要载体。在他的带动下，全省成立了33家专业支行。经过一年来的试行，专业支行成效明显，以卡分期为例，专业支行分期交易额在全省占比达26%，通过这种模式带动了网点利润快速增长。

针对绩效管理，老傅还有几项改进举措，比如推行网点服务销售标准化流程，实现了网点差异化管理；通过建设智能化网点，对各网点进行了优化布局。考虑到到店客户减少和网点人员不足，他通过积极推进网点撤销工作，释放出192名员工补充到其他网点营销队伍之中；他还积极推行"六统一"工作，统一网点装修标准，严控租金成本，取得了非常好的效果。总之，老傅借助改进绩效的手段，有效提升了各网点的形象，加强了银行团队的凝聚力，提高了中行业绩。因此，老傅也成了中行的创新带头人，为中行树立了口碑。

改进绩效管理，就如同革新，管理者理应有这样的前瞻性和发展眼光。事实上，许多企业或部门，通过改进绩效管理，都能取得明显的效果。改进绩效管理要坚持以"优化考核、提高执行力"为指导思想，在卓有成效的实践基础之上，借助一套科学的、系统的、结构化的程序进行。这种改进并非随意删减或者添加，而是需要借助相关方法。依笔者看，能够有效改进绩效管理的方法有以下三个。

其一，提升执行者的知识和技能。

提升知识和技能是通往成功的直接的、简单的、有效的方法。提升知识和技能的方式有很多，可以自学，也可以参加单位组织的培训等。一名部门负责人要起到"教练员"的作用，充当员工的老师和辅导员，通过沟通等方式，有针对性地帮助员工提升知识和技能。如有条件，部门负责人还可以组织在岗培训。当下，许多企业有自己的内训师，也有专业内训团队，要积极利用这些资源，把提升执行者知识和技能的工作做到位。

其二，优化人力资源管理。

笔者认为，让某方面最优秀的人在最擅长的岗位上发挥作用，是一种优化人力资源管理的方式，也是最积极有效的管理策略。此外，管理者应考虑并平衡薪酬福利制度，要让有突出贡献者"政治上光荣，经济上受惠"。只有这样，才能充分调动员工的积极性，激发他们的干劲。

其三，升级工具及改善工作环境。

没有电脑的时代，人们做合同，需要手写或者用传统的打字机录入打印，不仅效率低，而且不易保存。电脑时代，人们做合同就简单多了，甚至许多企业推行"无纸化"办公，不但效率高，而且节省了许多办公耗材。想要提高绩效，升级办公工具或生产工具是非常有效的。此外，管理者要竭尽全力优化工作环境。笔者听到有人说："员工是来上班的，不是来享受的。"这本身没有问题，问题出在某些管理者为了节省成本，故意不给员工改善工作环境，比如夏天天热，不给加装空调等。只有把环境优化了，员工才能专注地工作。

改进绩效管理的方法不止三个，甚至有几十个，上百个，笔者在此不一一赘述了。只有改进绩效管理，才能在日常的管理工作中出成绩。

5. 巧借绩效管理建立影响力

影响力是什么呢？影响力是以一种他人乐于接受的方式影响或改变其思想或行为的能力。一名领导，可能有领导力，但未必有影响力。笔者认为，影响力是领导力、人格魅力、说服力的"三维结合体"，它有三个属性：权力属性、精神属性和情感属性。所谓权力属性，特指一个人的地位、身份，依靠这些元素，可以自上而下传达信息；所谓精神属性，是一个人的精神面貌、人品特征，如果一个人精神涣散，就可能给人一种失败者的印象，影响力更无从谈起；所谓情感属性，就是一个人对待他人的态度，一个极具影响力的人，通常是一个善良的、温和的、亲切的人。中层想要在自己的部门建立影响力，完全可以借助绩效管理来实现。

首先，中层管理者要利用绩效管理实现对员工工作的科学分配。

分配工作的权力掌握在主管手里，想要让下属彻底积极起来，主管要对下属进行观察、了解，明确谁适合做什么，然后根据实际情况进行工作分配。另外，主管拥有一些其他权力，比如请销假、奖罚等。有人问："如果下属不听指挥，那该怎么办？"其实，这里就可以使用绩效管理工具了。借助绩效管理，可以规范员工的行为，借助"绩效"，可以给予优秀者奖励，给予破坏者处分。这个时候，主管可以放心大胆地说："这么做，不是因为我的主观意志，而是公司有相关绩效规定。"这样一来，能够靠"绩效"服众，不仅聪明，而且能树立威信。

其次，中层管理者要利用绩效管理实现无为而治。

事实上，许多员工都讨厌上司随意插手自己的工作，他们认为：主管这么做，不放心工作是假，显示"官威"是真。现代管理追求无为而治，所谓无为而治，就是顺其自然，尊重员工个性。笔者认为中层过度插手干预不是一种聪明的行为，至少不是一种理智的行为。绩效管理是一个很好的东西，它可以帮助管理者干预工作，而不用管理者亲自上阵。另外，中层可以借此腾出大量的时间，提升自己，陶冶自己的情操。中层水平提高了，形象高大了，自然会让员工佩服。

最后，中层管理者要利用绩效管理削弱手里的权力。

权力是个神圣的东西，中层要珍惜权力、善用权力、慎用权力，不要滥用权力，否则会腐化堕落。有一位老行长谈及权力时说："权力不仅要慎用，而且要削弱，靠自己的能力和影响力去办事。"绩效管理有这样一个作用，就是让员工放开手脚正确做事，如果员工胡作非为，同样会得到惩罚。中层领导还可以充当"教练"和"保姆"的角色，以不同的形象示人。这样一来，中层不仅可以提高印象分，而且能够建立影响力，是双管齐下的好事。

借助绩效管理，只是一种"懒人的聪明办法"，中层想要真正建立影响力，还要有一颗公德心、奉献心、平常心，只有这样，才能在员工心中树立好形象。

Part 4

好中层要做到顺利沟通

第十章

沟通说话讲点"艺术"

1. 语速适度，言谈妥当

一个人的素质，能够通过语言客观反映出来。素质高、修养好的人，通常语速适中，言谈非常妥当，给人一种温暖的感觉；修养较差的人，要么语速很快，要么语速很慢，说话含混不清，词不达意，甚至有些人脏话连篇，毫不顾忌场合。语言是沟通的载体，是人的一张名片。笔者记得中行有一位老行长，他说话铿锵有力，每一个字、每一个词似乎都带着一种魅力，他的声音是令人愉悦的，更是令人难以忘怀的。中层的言谈举止要符合一定的礼仪。

南方中行某支行有一个行长，叫老郭，这个人极有魅力，人送外号"郭一嘴"。"郭一嘴"不是形容他纸上谈兵或者夸夸其谈，而是说他靠着这张嘴解决了许多问题。

有一年，一个客户经理与某对公客户，因为还贷款的问题发生了争执，产生了冲突，带来了非常不好的影响。为了处理好这个事情，老郭化身两个身份：心灵抚慰者和危机公关应对者。他先是亲自上门，来到客户方公司，代表银行向客户道歉。

他说："这件事主要还是沟通不畅造成的，如果双方能够给彼此一点时间和空间，我想很快就能达成协议。"对方觉得老郭的话很诚恳，而且老郭并没有给还款增加额外压力。客户方的一个老板也不再这么强势，他向老郭解释道："我们不是不想还款，只是有笔钱卡在上游了，现在钱已经到位了，我们也不会为难你们，毕竟银行商家是一家。"

老郭处理完客户这边，又跑到客户经理家中。他没有批评客户经理，而是给客户经理放了三天假。他语重心长地跟客户经理谈工作："我能感受到你的这种迫切的心情，如果换成我，我可能也会非常着急，我们都是为了银行。在这三天里，你收拾一下心情，一切从头开始。我相信你，希望你在以后的工作中，能够更加开放，从容一点，不要给自己太多压力，上面还有我们呢。"老郭的话让客户经理忍不住掉下眼泪。

几日之后，这个年轻的客户经理不仅收回了贷款，而且与客户方达成了和解，消除了误会。

人有时候，就是靠一张嘴与人相处。与人交流大多是通过言语沟通。笔者认为，一位有修养、训练有素的中层，应该掌握四个沟通基本原则。

第一，态度诚恳谦虚。一些中层因为当了领导，总在话语中带出一种"高高在上"的味道，这会让人们感到不舒服。想要沟通顺畅，就必须放下"官腔"，态度诚恳一点，谦虚一点。自己谦虚低调，对方也愿意良好沟通；反之，别人避之不及，更不要谈磋商事情了。第二，语调要平和沉稳。过去，许多资历深的老领导，说话就十分沉稳、老练，给人一种长辈的感觉。一些年轻中层完全是另一种"画风"，他们更多强调效率，交流的目的性更强一些。不管怎样，一定要沉稳，不要过于轻浮，这样会给人一种不礼貌的印象。第三，表情自然亲切。沟通不仅靠嘴，还靠表情。眉目可传情，一个表情就能代替一句话。因此，中层要特别注意自己的表情，不要让表情出卖了自己。与人沟通交流，表情要自然一点，舒展一点，给人一种亲切感。如果凶神恶煞，谁还敢跟你交流？第四，要恰如其分。说一句话，如果用错了词，恐怕就是其他意思了。词不达意，不仅令场面尴尬，而且会让人误会。因此中层要提高自己的修养，多看书，注重积累，提升自己的表达能力。

沟通是一门艺术，也是一门学问。管理大师德鲁克认为：一个人必须知道该说什么，什么时候说，对谁说，怎么说。如果中层能够成为德鲁克描述的这种人，一定不简单。

2. 有理有据，说服力强

要想做好管理，在沟通方面应该有理有据，说服力强。

俗话说："人过留名，雁过留声。"每个管理者都想在自己的岗位上有所作为。有一位老行长说："做管理者不仅要留下名，而且要留下好名声，给后人树立榜样。"现实中，有些管理者采用"简单粗暴"的方式进行管理，得罪人无数，这样的管理者能够带好团队吗？显然不能。还有一些管理者，喜欢抓员工的小辫子，他们这么做，是担心员工不听从指挥，肆意妄为。得理不饶人或者完全"胡萝卜＋大棒"的管理方法，顶多短时间有效，时间长了，管理问题就凸显出来了。人要谦逊，更要尊重他人，不求予人玫瑰，但求说话讲道理、凡事留情面。有的中层刚刚上任，便连烧"三把火"，都有哪"三把火"呢？

第一把火是给员工"下马威"，以此树立自己的"官威"；第二把火是给员工"上课"，布置"家庭作业"，那些做不完"作业"的员工就要小心了；第三把火就是"警告"员工，让员工小心说话，小心做事，言外之意，就是让员工不要得罪他，凡事礼让他。这"三把火"烧过去之后，这个管理者的人品、管理水平也就暴露了出来。真正有水平的管理者，总是从沟通做起，以理服人，以自己的言行树立口碑。一名中层上任之后，难道不是只有一个目标吗？带好队伍是为了企业利益，管理团队是为了企业利益，搞绩效、去沟通，目的也是一样的。笔者认为，中层沟通可以利用"三板斧"，第一斧要打开局面，第二斧要彻底融入角色，第三斧要化解矛盾、带出水平。

职场上还流行一句话，叫"一朝天子一朝臣"。老领导退休了，虽然会"人走茶凉"，但是许多继任者会做一件事：定期探望老领导。从个人情感上讲，这样的做法很值得提倡。前人栽树后人乘凉，本来就是一件值得感恩的事。过去中行有一位老行长，他一辈子都非常清廉，而且为人非常好，也提拔了许多人，这些人视他为贵人。老行长退休之后，每逢佳节，这些人都会去探望他，与他聊聊天、交流一下。老行长高兴了，也会不吝啬地献出自己的管理之计。他们不但从老行长身上学到了东西，而且懂得了什么叫"家有一老，如有一宝"。老行长的"宝"在于说话做事讲道理，哪怕退居幕后，还有这么多人愿意追随他，这就是一种人格魅力。所以说，一名中层养成这样的讲话做事的习惯，是多么重要啊！不求中层能够"舌战群儒"，只求中层能够站在他人角度看问题，通过自我认知，建立起一种影响力。好口才不一定代表好人品，但好人品一定是会说话、会沟通、凡事讲诚信、能够理解他人、尊重他人。不久前，笔者听了一堂培训课，课上一名培训师提到沟通时说："最好的沟通，就是将'以自我为中心'转化为'关注周围人的想法'。"笔者觉得这话很有道理，像是一种"分享"，有种"先天下之忧而忧，后天下之乐而乐"的境界。如果中层管理者有这样的境界，恐怕就没有控制不了的场面了。

中层沟通时就像做一个选择题，是选"Dominant"还是"Unassuming"呢？"Dominant"是占支配地位的，"Unassuming"是谦和的。笔者认为，如果一个中层管理者谦和示人，以理服人，就能换来很好的支配效果。这不是一道选择题，而是一道排序题。

3. 在其位，说其话：不要越界

子曰："不在其位，不谋其政。"这句话看似很简单，实际上做起来很难。尤其中层干部很多时候还要配合其他部门的工作，如果处理不好，就容易越界。沟通也是如此，要在其位，说其话。

　　一个煤化工公司有一名质检科科长小吴。有一年，某生产车间生产出来的产品不合格，公司要求筛查不合格原因，于是安排生产车间的一名技术员小刘配合质检科的化验工作。这位小吴科长，见到小刘第一面，便给了他一个下马威："出了这么大的质量问题，你们的生产工作是怎么做的？一定要深刻检讨，否则以后还会出问题。"

　　小吴毕竟是一名中层领导，小刘得罪不起，只能点头说："是是是，谨记教训，回去好好反思。"

　　质检科要求做三次样品化验，于是安排人去车间取样品。小吴科长再次耍起了"官威"，他用一种命令的语气对小刘说："你去取样品来，取三份样品。现在马上去取，老板等着看结果。"小刘一脸尴尬，但是无法拒绝。他连续跑了三次车间，取了三次样品，累得满头大汗。

　　车间主任见小刘急匆匆地跑来跑去，便问小刘："你这是去干什么？我还找你有事呢。"小刘向车间主任一五一十地说了事情经过，车间主任听了之后，涨红了脸，非常生气："取样品的事，本来就是质检科的事，他怎么还越权安排我的员工？我非要找领导说道说道。"

后来，这事传到了老板那里，老板把小吴叫到了办公室，委婉地对其进行了一番教育："你啊，说话做事不能越界，毕竟小刘不是你的员工。你要掌握分寸，慎用手里的权力。虽然都是为了公司利益，但是因此闹矛盾，以后的工作该如何开展呢？"小吴回去之后做了一番自我检讨，又通过车间主任转达了对小刘的歉意。

有一种极端，是在其位，不说其话。这类中层信奉"多一事不如少一事"，能不管则不管，能不说则不说。面对那些不敢做决策、不敢管理的中层，笔者常常会鼓励他们，让他们敢于负责，敢于应对复杂的人事环境，不要怕得罪人，不要担心会失去自己的"一亩三分地"。俗话说："要么干好，要么不干。"做人就应该这样，干脆一点，简单一点。如果胜任不了，那就只能让贤。

在其位，说其话是一种责任，不越界更是一种做人的品质。"各人自扫门前雪，莫管他人瓦上霜"用在这里，并不是一种讽刺，而是一种自我管理，自我约束。笔者还要强调一点：许多中层在工作之外、休息之余，还要额外安排工作，或者与员工沟通工作方面的问题，事实上这种"积极"态度也是一种越界的行为。上班期间，中层把工作做好；休息期间，中层不要随意干涉员工的家庭生活，除非有很重要或者特别紧急的事情。

中层要尊重自己的员工，也要尊重别人的员工。在其位，谋其政与在其位，说其话是一种本分，也是一种沟通智慧。把自己的管理工作做扎实，并且配合好其他部门的工作，足矣。

4. 能够站在他人角度说话

说话是一门艺术，还是一门博大精深的学问。在中国，一字多义、一语双关是非常普遍的，因此在与他人沟通前，要在脑子里提前打一打草稿。那些深谙职场之道的人，会打圆场，总能把最暖心的话说进别人的心窝里。中行有一个副行长，从业几十年，从没有和客户沟通不畅，堪称奇迹。有人怀疑："这根本讲不通啊，难道他会障眼法？"其实，这位副行长只是擅长站在客户的角度讲话而已。中层多说一些符合客户利益的话，客户觉得中层聪明、体谅人，就算在沟通中有些不愉快，也会不计前嫌。

　　过去有一个理发师傅，他理发水平相当高。许多人因此慕名而来，让他设计一款应季的发型。有一天，店里来了一位女士。这位女士穿着时髦、高档。此时，理发师傅正在给另一个人剪头发，无暇顾及她，于是问女士："实在对不起，我现在确实太忙了，如果您不嫌弃，我让徒弟给您剪发，您意下如何？"因为女士晚上要出席重要宴会，时间很紧，根本等不及，就答应了。

　　徒弟是个年轻人，剪发风格比较激进。他拿起剪刀，几乎没有思考，就三下五除二，迅速剪完了。女士有些担心，问徒弟："你的师傅剪头发用半个小时，而你只需十分钟……我晚上还要出席重要宴会，你就这么草率敷衍我？"

　　徒弟虽然年轻，但是自认为手艺不错，他对这个女士说："要不我拿镜子给您看看吧。"徒弟拿过镜子，女士一看，觉得头发剪得太短了。

　　师傅只能放下剪刀，来到女士身边。他凭着多年的经验，用余光扫了一眼，并未发现太大问题，于是对女士说："这位太太，您的头发虽然剪得短了一些，但是显得您更加干练、年轻了。既然是参加重要晚宴，您一定希望自己是最漂亮的那一位。如果您还不满意，我可以修一下。"师傅拿起剪刀，只是轻轻一剪子，便让这位女士露出了满意的笑容。

　　这位师傅不但手艺精湛，而且特别会说话，从来没有向客人和徒弟发过脾气。甚至连徒弟们都认为：他真是德艺双馨的代表人物。凭借这位师傅的高超"技艺"，这家理发店名震当地。

替他人说话，是一种聪明之举，而且能化解尴尬复杂的局面。银行高柜是一个"服务窗口"，如果沟通不畅，就有可能发生争执。几年前，有位中年妇女来中行某支行取款，因为大厅内有自动取款机，高柜柜员便提醒她去自动取款机取款。这位中年妇女不会使用取款机，于是跟高柜柜员争执起来。后来副行长闻讯赶到，对中年妇女解释："您可能误会了，我们银行确实有这样的规定。因为高柜窗口少，业务繁重，低于5000元的小额取款要在自动取款机上办理。这样吧，我帮您取款，而且这种零存零取非常方便，不用排队，操作简单，一学就会。"虽然中年妇女有些不情愿，但是见这位副行长如此诚恳，便不再争执。事后，高柜柜员非常感谢副行长帮自己解围，副行长也顺便教育员工："做服务更要换位思考，多替客户说话。"事实上，中行凭借"为客户着想"树立了良好的口碑，许多中行网点的客户投诉率都低于同行业平均水平，这样的成就是管理者和员工共同努力的结果。

站在他人角度说话，是一种知己知彼的做法。所谓知己，就是清醒认识自己的立场，了解自己的实力和意图；所谓知彼，就是了解对方，接近对方，甚至与对方做朋友。商业战场上，知己是为了知彼，只有知彼，才能打胜仗。对中层而言，不管对待自己的下属、领导还是客户，都不应厚此薄彼，而是要平等对待，还要学会替他人说话。只有这样，才能保障管理沟通工作顺利进行。

5. 训导为下，引导为上

传统的领导总会给人一种大家长的感觉，引导为辅，训导为主，把员工当成自己的孩子，甚至认可"树不修不成材"的说法。俗话说："严师出高徒。"所谓严师，就是管理严格、说一不二、重视训导的老师。在过去，这样的管理方式还是奏效的。如今，许多员工都是"80后""90后""00后"，如果企业采取"大家长"制，反倒适得其反。因此，中层需要改变一下管理风格，由训导为主，改为引导为主。

何为引导呢？"引导"这个词，过去常用在心理学领域范畴。心理医生为了治疗患者的心理疾病，采用一种沟通方式，通过这种方式发现症结，并给予干预。值得注意的是，这一过程里，医生与患者的关系是平等的，如果天平失衡，心理干预就要终止了。这个方式，虽然见效缓慢，但是影响力和效果更加深远。引导管理比训导管理宽松。员工是一个人，并不是一个机器，员工有自己的思想、喜好、价值观，只有符合员工的要求，才能让其处于能动状态。笔者认为，引导管理与角色互补，就像管理学中的同胞兄弟，要一起成长、一起发展。

过去有一个教书先生，他是个"老夫子"式的人物，对待学生很严格，如果学生学习不刻苦，他就会拿出戒尺打他们的手掌心。有一次，一个学生因为没有背会先生交代的课文，结果挨了板子。这个学生非常委屈，他对同学说："我根本没有贪玩，只是背不会嘛。"

大多数挨过板子的学生，因为不敢惹怒教书先生，只能板着一副苦瓜脸，装出一副认真学习的模样。结果，这一批学生参加乡试，竟然没有一个取得名次的。后来有一位朋友对教书先生说："你的教育方法有问题啊，非打即骂是不行的，想要让他们学出成绩，就要收起你的戒尺，让他们能够自学。"教书先生似乎也发现了自己的问题，他感叹道："可能是我管得太严了，'严师出高徒'这句话，看来也未必是对的。"他听从了朋友的建议，收起了戒尺。

后来，他常常与学生沟通，并引导他们，告诉他们如何才能背好课文、理解课文、写出一手好文章。而且他的性格发生了变化，他给人一种平易近人、慈祥的感觉。学生们愿意听他上课，就算学生犯了错，他也没有拿出戒尺。正因如此，他的学生有很多考上举人，甚至还有学生考入"三甲"。这个老先生，也终于桃李满天下，获得不少赞誉。

首先，引导为主的管理方式是非常讲究民主的，它通常从理解入手，管理者取得员工信任之后，再进行沟通。每个人都有叛逆心理，只是有的人强一点，有的人弱一点罢了。其次，引导为主的管理方式是"以他人为中心"的沟通管理模式，它不是将员工当作被训导的目标，而是将他们纳入工作决策，双方共同参与工作安排。通过这种方式，管理者能够了解员工的想法，然后逐渐提出自己的建议，并施加影响与管理。如果有些员工过于"顽皮"，管理者就要采用"引导为主，训导为辅"的管理方式。

收起"官威"，做一个讲民主、会沟通的管理者吧。

第十一章
沟通讲话要婉转

1. 适当赞美迎来掌声

自古以来，中华民族就有赞美他人的习惯和礼仪，对于那些有才华的人，更是忍不住去夸奖一番。得到赞美的人，给后人留下了佳话；赞美别人的人，同样因胸怀得到称赞。"赠人玫瑰，手有余香"的道理就是这样的。因此中层不要总是板着脸，一副别人不如自己、自己要拯救全世界的样子，对于那些有才的、取得成功的、讲道德树新风的人，为什么不能送上掌声赞美呢？

凤飞飞有首叫《掌声响起来》的歌，里面有这么句歌词："掌声响起来，我心更明白，你的爱将与我同在；掌声响起来，我心更明白，歌声交汇你我的爱。"词作者写得很直白，甚至非常感性。送给别人掌声，别人也会因此而感动。作为一名管理者，对他人施以赞美，换来的是心与心的交流沟通。现实中，许多管理者太吝惜赞美了。他们认为赞美之词容易让人迷失自我。还有人觉得：员工执行命令、做好工作是天职，不需要表扬，也不需要赞美。有一些人，对自己都极为苛刻，对待他人更是如此。

但是他们忽略了一件事：赞美可以让弱小者变强大。笔者在银行工作期间，有一个刚刚任职的年轻人，他性格内向，人也非常老实，对工作非常专注、细心，就是不太喜欢接触他人。周围有人议论他："这种性格，在银行里根本吃不开。"后来一位中层发现了这个问题，于是在他汇报工作的时候表扬了他："你做得挺好，很细腻，很认真，以后要坚持，如果能勇敢一点，开放一点，就更好了。"得到这位中层的表扬和鼓励后，这个年轻人似乎有了脱胎换骨的变化。后来这个年轻人成了一名支行行长，不仅善于交流，而且把管理工作做好。

笔者认为：赞美不仅是一种智慧，还是一种管理方法。懂得欣赏别人的人，一定会被别人欣赏。卡耐基说："时时用使人悦服的方法赞美人，是博得人们好感的好方法。记住，人们所喜欢别人加以赞美的事，便是他们自己觉得没有把握的事。"这番话还给中层管理者指明了管理方向，越是面对胆小的员工，越要给予他勇气，越是面对保守的员工，越要给他自我突破的赞美。给予他们鼓励，就是让他们克服自己的弱点，把自己变得更加强大。相反，如果管理者痛击员工的弱点，经常说："某某不聪明，总是拖后腿。"就会给这名员工的自信心带来严重打击。学会赞美，并不是让管理者违背意愿说假话，而是让管理者发现他人的优点，并将这种优点适当放大；对于别人的缺点，管理者应该学会适当宽容，有容人之量，才能得到众人支持。

每个人都渴望得到赞美，被赞美、被肯定，是一种需求。马斯洛在需求层次理论中指出：最低层次是生理需求；其上是安全需求；其上是社交需求；其上是尊重需求；最高层次是自我实现需求。后来他还补充："荣誉感与成就感是人的高层次需要。"员工被管理者肯定，就意味着被信任、被尊重，由此员工会产生荣誉感和成就感。如果给予员工足够的肯定，管理者会得到同等规格的报答。

学会赞美别人，不是贬低自己，而是一种品德，一种高情商的表现。能够将高贵的品德与高超的情商结合在一起，中层才能在管理方面取得成绩。

2. 幽默是破冰好工具

日本前首相大平正芳表示：幽默可以说是能给人以微妙感的调剂生活的佐料。某种轻巧的幽默，就可以使当时的气氛改变。幽默不是嬉皮笑脸，也不是只为博人一笑，用在不同的地方就有不同的作用。老师用幽默开场，可以吸引学生的注意力，从而使学生认真听课；谈判者使用幽默的语句，可以缓解谈判的紧张气氛，留有回旋余地；管理者善用幽默，可以给下属一种平易近人的感觉，而且能够迅速切入沟通状态，让沟通更加轻松惬意。幽默是一种智慧，一种力量，幽默并不是滑稽、戏谑、插科打诨的代名词，在管理中，它常常扮演关键角色，是一件名副其实的沟通武器。

有一个公关团队，在最困难的时候遇到了一个机会，所有人都非常紧张。如果此次公关失败，将会给这个公关团队巨大的打击。此时，团队中的成员们愁眉苦脸，甚至有人感叹："如果不接这个任务，恐怕就不会到这种地步了。"所有成员都希望团队负责人老孙说说话，但是老孙似乎陷入了沉思。

此时，客户打来电话，要求老孙汇报工作进度，老孙依旧十分镇定，他拿起电话，如实进行了汇报。客户非常不满意，老孙依旧向客户保证："放心，一定把这块硬骨头给啃下来。"

汇报完工作，老孙突然唱起京剧《智取威虎山》，这一唱不要紧，团队所有人都笑了。有一个队员笑着说："老孙，你唱得也太难听了，这哪里是杨子荣啊，明明是座山雕啊。"

"座山雕就座山雕吧。至少我这鼻子，嗅到了一种味道……"老孙在如此紧张的气氛下，还卖起了关子。

"什么味道?"

"成功的味道。"老孙斩钉截铁地说:"同志们，虽然我们遭遇了困难，但是智取威虎山的杨子荣，当年面临的困难可比咱们大多了。就算这次失败了，咱们还能东山再起。杨子荣如果失败了，可能命都没了。所以大家要咬紧牙关，坚持一下，我就相信，一定能打赢这场仗。"说完，老孙竟然还鼓起掌来，所有人脸上的愁容一扫而空，其他人也跟着鼓掌。

扫走了团队中的"阴霾"，老孙的幽默感换来的是团队的凝聚力。成员再次回到工作中，进行放手一搏。这个团队终于取得了成功，老孙也成了业界的金牌公关经理。

幽默是一种润滑剂，又是破冰好工具，能增进人与人之间的感情。事实上，人的职场生涯大多是枯燥乏味的，既有无形的压力，人们还要肩负着各种使命。有个民间雕塑家给 100 个职场人塑像，其中有 91 个人的表情是痛苦的，8 个人是面无表情的，只有 1 个是咧着嘴笑的。职场需要幽默，员工更加需要幽默、轻松的工作环境。记得中行有一位领导，总是以微笑示人，讲话非常含蓄、幽默，且充满着人生哲理。有一次开会，针对"债务清欠"这个难题，他说:"既然欠债的客户躲着我们，跟我们捉迷藏，为什么我们不陪着他们一起玩呢? 我们完全可以说完 123，再去找他们。他们钻到床底下，我们就到床底下找，他们钻到柜子里，我们就去柜子里找，他们钻进山洞里，我们就在洞口等着他们。他们总有躲不过去、沉不住气的时候，他们出来了，我们就胜利了。"这话让与会的职工笑个不停，所有人都明白了一个道理: 清欠工作，就是要发扬"牛皮糖"式的战斗精神。一番幽默的话，不但传达了工作精神和工作目标，而且让大家产生了共鸣，达成了一致，这就是一种智慧。

幽默是乐观者的旗帜，是沟通者的武器。中层善用幽默，是"遇事从容、处事泰然"的表现，更是管理部下、打造团队的"催化剂"。中层不仅要学会幽默，更要让幽默用对地方，只有这样，才能临危不惧，潇洒面对人生。

3. 讲话有技巧，提高印象分

《增广贤文》有云："良言一句三冬暖，恶语伤人六月寒。"一句好听的话会暖人心，一句含着恶意的话会令人寒心。有一类人，说自己"刀子嘴豆腐心"，认为这是一种"心直口快"的表现，但是这种表现并不能给其带来好结果。沟通是一门语言艺术。如果不会说话，或者不分场合乱说话，就会给对方留下不好的印象。

以前，有一些中层，学历不高，口头表达能力以及逻辑思维能力差一些，但是通过积极努力工作，缩短了与他人的差距。当下，是考验中层综合素质的时代，中层如果沟通能力不达标，就难以胜任团队管理工作。有一个中层，过去有点口吃，为了能够做好沟通管理，他扬长避短，以倾听为主，讲话为辅，惜字如金，只强调重点。没想到，他靠这样的"技巧"，不仅积累了不少人脉，而且成了一位管理好手。说得多，效果未必比得上说得少；说得少，效果未必比得上说得精。听一个人讲话，就能判断出这个人的水平。以前中行有位老行长，他讲话就很有气势，而且言简意赅，字字珠玑，说的话仿佛被"打磨"过一样。许多人都欣赏他的口才，又因为他的口才关注到他。他带领的队伍，有一个特点：特别善于打硬仗。他经常引用法国思想家帕斯卡尔的话：人是能够思想的芦苇。

借着这句话，他能把"强硬作风"贯彻到每一名员工的心里。正因如此，他的手下个个都成了有思想的、不屈不挠的、性格倔强的芦苇。因为他的话语中包含着高深的思想和智慧，有深度和广度，才有更多的员工愿意追随他，甚至把他当作偶像。讲话，不仅要文质彬彬，更要有针对性和指向性，如果含混不清或者说话的时机不对，或是没有控制好情绪，都起不到应有的效果，说过的话，自然也就成了废话。

笔者认为，讲话虽有技巧，但是不像杂技、相声那般，需要苦练才能达到一定水平。只要中层能够做到以下四个方面，就可以大大改善讲话技巧。

第一，言之有理。所谓有理，就是晓之以理，以理服人。第二，言之有文。这一句非常容易理解，就是讲话要有文化涵养，不能粗俗，更不能用辱骂性的内容。个别中层，控制不住自己的情绪，激动之下说出脏话，简直下流不堪，这样的人，讲话怎能服众？第三，言之有情。孩子们总喜欢让那些能够做到声情并茂的人讲故事，他们不但讲得动听，而且给人一种身临其境的感觉。讲话带着情感，就是为沟通"热身"，沟通本就是心与心的交流。第四，言之有物。所谓物，就是真实存在的东西。言之有物，就是不得吹嘘、造谣，要实话实说，有针对性。许多人讲话怕得罪人，便不停地兜圈子，这种做法实则是一种敷衍人、不尊重人的表现。

中层不仅要把话讲得巧妙，更要讲得合乎情理，令人信服，凡言语动听者，方可打动人。

4. 学会拒绝，但不要一口说不

许多中层苦于两件事，哪两件呢？第一件事，拒绝原则之外的事；第二件事，留下回旋余地。依笔者看，这两件事就是一件事——优雅拒绝。

为什么要学会拒绝呢？中层身上有一定的权力，这些权力对于许多抱着目的而来的人，是十分有用的。比如，一个公司老板，为了从银行贷款，就会不惜一切对银行相关负责人进行"公关"。这个负责人发现这家公司不具备放款资格，就应该予以拒绝；如果同意了，就会带来很严重的后果。但是，这个负责人要给客户留个台阶。既然客户主动登门拜访，那就是客人，负责人又怎能怠慢了他们？负责人应该向客户认真做出解释，不要驳客户的面子。

　　老李在某公司担任采购部经理。在外人看来，这个岗位就是一个"肥差"。有一个孙老板，为了给老李所在的公司供应原料，三天两头邀请老李，希望老李给面子，私下多交流交流。老李一眼就看透了这种"套路"，孙老板这么做的目的，无非只有一个——走后门。

　　有一次，孙老板再次邀请老李，老李之前已经拒绝了好多次了，如果继续推辞，就会给人一种不礼貌的感觉。经过了一番思索，老李决定接受邀请。二人见面后，孙老板又向老李问起采购的事。

　　老李拒绝了孙老板，孙老板有些尴尬，但是也不想得罪老李，就没有再问。吃完饭，孙老板去结账的时候，发现老李已经早早把账结清了，这让孙老板更加难为情。孙老板因此也知道了，老李是一个非常讲原则的人。

　　后来老李打电话给孙老板："孙老板，我们下个月增加采购量，过几天准备进行招标，如果你有兴趣，可以试一试。"孙老板一听，非常高兴，连忙向老李表示感谢。老李说："孙老板，公司的采购工作，一向就是'公开招标'，谁的原料好，价格有优势，我们就用谁的。这么做，对大家都是公平的。您不用客气，大家都是朋友。"

　　几天后，孙老板参加公开招标会，没想到竟然投标成功。孙老板非常高兴，他更佩服老李，他说："如果世界上多一些像老李这样的中层，我们就不会削尖了脑袋想'办法'了。"

世界上，每一个人都有自己的原则和看法，如果这些原则和看法能够轻易被人影响或改变，恐怕世界上就没有统一的道德标准了。学会拒绝，就是坚持自己的原则和道德标准，许多人以利诱惑，其目标就是让人改变初衷，同流合污。中层要坚持原则、做拒绝诱惑的"铁皮人"。人们为什么要学会拒绝呢？除了避免各种诱惑之外，中层要对超出自己能力范围的事说不，不能为了"逞英雄"而毁掉自己的名声；中层要对不符合自己价值观的事情说不，更要对违法犯罪的事情说不；中层要对庸俗的交易说不，还要对有损集体利益的事情说不。勇敢说不，是一种智慧；能够斡旋其间，不得罪人，给人留退路，更是一种境界。

想要取得更好的成绩，就要学会拒绝，更要学会周旋，让被拒绝的人不尴尬。

5. 布置任务：讲话有窍门

老师给学生布置作业，通常是采用一种较为直接的命令方式，比如今天把某篇课文抄写一遍。有的中层把自己当成老师，把员工当成学生，认为布置任务是上级给下级传达的命令，这样的命令是必须执行的，甚至没有商量余地。但是笔者认为，员工与学生有本质上的区别。一方面，员工是成年人，有独立的思想，虽然工作是一种义务，执行命令是一种职责，但是他们有拒绝的权力，只要能够讲出足够充分的理由；另一方面，员工与中层虽然是上下级关系，但都是为公司服务的，从某种角度看，双方的地位是平等的。因此，中层给下属交代任务，要讲究一点策略，讲话要有窍门，不能盲目硬来。

许多员工听到领导布置任务，不免会感到头疼。笔者曾听到有人哀叹："又下任务了，痛苦的工作又要开始了。"这一点笔者能够理解，毕竟人都想自由一点、轻松一点，没有任务压力。当然，这是天方夜谭。没有任务的员工，恐怕只能待在家里"享清福"了。每一名员工都要面临各种任务，有的任务容易执行，有的任务难以执行。简单的任务，中层通常会简单下达，员工也能够舒心接受；如果是一些难啃的骨头，中层在布置任务的同时，要为员工提前做好"减压"工作。记得原来浙江某中行领导，为了打赢"贷款清收"这一仗，经常开动员会。名义上是动员会，实际上是减压会。他总说："狐狸虽然狡猾，但是你们是猎人。如果捕猎不成功，你们还有我。"他的言外之意是让员工不要有后顾之忧，也不要患得患失，只要竭尽全力就行了。正因如此，这些员工轻装上阵，反倒取得了不错的成绩。这种"减压"式的布置任务法屡试不爽，员工们不但不抗拒任务，而且能够顺利接受任务，并在执行过程中发挥出自己的潜能，从而创造奇迹。

布置任务时，中层要用词礼貌，态度和蔼，尽量用一种可以协商的口气去传达。有一个押运公司，有时候会接到非常重要甚至是危险的押运任务。有一次，这个公司接到一个重要的押运任务，押运的物品是一件价值连城的文物。为了让下属确保任务成功执行，押运公司的一名负责人找到执行人，语重心长地对他说："每一次有重要的任务交代给你们，我都会为你们捏着一把汗。毕竟，你们从事的工作，如同上战场一样危险。"听到这话，执行人心里有了准备，他知道自己将要接受一个严峻的挑战。负责人继续说："这个任务很重要，是押运一件重要文物，它价值连城。我们要安全守护它抵达目的地，体现押运员的价值。"这样礼貌、和蔼，甚至"关怀"的布置任务的语气，是员工难以拒绝的。最终，这个任务圆满完成。

笔者认为，一名优秀的中层管理者，应该是非常有智慧的。布置任务虽然只是管理工作中的一部分，但是可以体现一名管理者的综合沟通素质和沟通管理水平。如果中层能够在布置任务的同时，为员工安排好角色，减轻心理压力，以一种商量的、温和的语气讲话，想必没有员工会消极抵抗的。如果员工对任务有疑问，大家还可以沟通、协商，找出一个更好的执行方案。只要能够让员工快乐、主动地执行任务、完成任务，中层努力沟通的最终目的也就达到了。

第十二章

沟通讲话要"聪明合理"

1. 表扬讲场合，还要讲时机，更要适度

夸奖就是表扬，表扬他人是一种美德，一种对他人的肯定与认可。甚至有人说："表扬别人的同时，也在提升自己的形象。"中层要善于利用表扬这种方式鼓励优秀员工，给其他员工树立典型，以点带面，从而扩大影响力。

有一个医药科研团队对某个课题的攻关进入了冲刺阶段。此时，科研带头人老刘为了鼓励大家，开了一个简短的"表扬会"。就像在登山冲顶之前那样，老刘几乎不吝啬溢美之词，每一名团队成员都得到了他的正面评价。

老刘说："越是关键的时候，越要给他们打气。只要他们憋住这口气，坚持住，就能攻克难关。"《曹刿论战》中，有击鼓鼓舞士气法，老刘的鼓励方法就是选择合适的机会进行表扬。

老刘的方法非常管用。这个科研团队顶住了压力，一举攻下了难关。团队成员都非常兴奋，等着老刘出来"开香槟"的时候，他却消

失了。到了庆功会上，老刘终于出现在舞台中央，他拿着麦克风对团队成员说："感谢大家，尤其感谢……"他将每一成员的名字喊出来，然后补充："有你们，才有今天的成功，我会记住你们每一个人的名字。希望今后的日子里，我们还能攻坚克难，继续战斗。"

庆功会上，老刘的表扬十分给力，每一名团队成员都享受到他同等的表扬待遇。后来，这支科研团队实现了多个壮举，为所在的大型制药公司创造了巨大财富。

从这则故事中不难看出，这个睿智的科研带头人，是一个非常讲时机、讲场合、不吝惜赞美之词的领导者。表扬是一种学问，是一种高级沟通方式，如果把表扬用对了地方，不仅不会让员工自负，反而能激发他们的战斗力。笔者认为，在工作中，中层表扬员工要掌握三个要素。

第一个要素：场合。

有些人认为，表扬是不分场合的。有一个人，经常当着朋友的面夸奖自己的妻子如何贤惠、如何勤快。有一次家庭聚会，这个人又开始当着众人面夸奖自己的妻子。没想到，惹出一件非常尴尬的事情。餐桌上的几个男人，反倒吐槽自己的妻子懒惰。从这件事情上看，表扬要讲场合。公司通常有专门的"表彰会"，在这种场合就非常适合进行公开表扬。

第二个要素：时机。

有一个家长，为了让孩子考试取得好成绩，看到自己的孩子阶段性学习有了进步，便进行表扬。笔者认为，这种方式很好，既能起到鼓励作用，又肯定了孩子的努力，是一种讲时机、讲策略的表扬方式。还有一些人，认为好人好事是一定要表扬的，但直到"太阳下山、月亮升起"，所有人都散了场，他的表扬才刚刚赶到。这种表扬总给人一种"虚头巴脑"或者"敷衍了事"的感觉，不但不起激励作用，甚至会起反作用。当然，过早表扬则是一种纵容，容易让人骄傲自大，从而影响后面的工作。

第三个要素：适度。

做任何事，都要适度。过于"泛滥"或者过于"敷衍"，都是不好的。有一个企业家谈"表扬艺术"时说："管理者要把表扬看作管理的一味药，这味药可以治疗管理中的各种疾病。但是，表扬是药，一定注意剂量。喂药猛了，有毒；喂药少了，不管用。"那些不吝惜溢美之词的中层，要学会节制，否则会闹出笑话。

表扬不仅仅是说几句好话，而是一种沟通管理手段。作为一名中层，要学会表扬，适度表扬，讲究方法和策略，最大限度发挥表扬的作用，只有这样，才能取得更好的成绩。

2. 批评下属：一切从原则出发

有表扬就有批评，表扬与批评既彼此对立又相互依附。世界上没有完美的人，只要是人，就有犯错的时候。古人云："吾日三省吾身。"这是一种自省，就是一种自我省察、自我批评。良药苦口利于病，忠言逆耳利于行。所谓忠言，有可能是劝告，也有可能是批评。中层对待自己要严格要求、时时自省、完善自我；对待下属要坚持原则，恩威并重，表扬与批评相结合。只有这样，才能统领全局。

批评，从字面上解释，是"批"与"评"的结合。两者结合在一起，就是指出事物的是非优势，后来引申出专指对缺点和错误指出意见。批评不是指责，是一种有原则、有底线、客观公正评价事物和人物的方式。领导批评下属的真正目的无非只有一个：有则改之，无则加勉。但是有一些中层，脾气很大，常常当着众人面，扯着嗓子对员工进行批评。这种极端的、有辱人格的批评要坚决摒弃，否则将成为管理中的一枚定时炸弹。

员工遭到领导批评，通常是一件有损脸面的事。人人都喜欢被表扬，不喜欢被批评。中层要想让员工接受批评教育，就要讲点艺术、策略，既要让员工认识到错误，又要让员工改正错误，回到正确的轨道上来。笔者认为，中层可以采用以下四种策略。

策略一：对事不对人。

工作上出现错误，虽然是员工造成的，但是错的只是一件事，而不是整个人。因此，管理者要看清问题，不要因为一件错事而全盘否定员工的工作。有一个管理学家认为：能做到对事不对人，就不会在乎自己的立场。因为事实出现之后，就会忠于事实，坦然接受这个事实。不能忠于事实，不但无法洞悉问题的本质，也不可能走完找到正确解决方案的过程。因此，那些批评人格的话就不要说了，比如"你脑袋有问题""你已经无可救药了"等。对事不对人，是将人与事进行区分，强调问题时要保护员工的尊严。只有这样，员工才能在接受批评的同时改正错误。

策略二：先表扬再批评。

许多成功的管理者都会采用这样的方法对下属进行教育引导。中行有位老领导，批评一名与顾客发生争执的高柜柜员时说："窗口服务工作是很辛苦的，每天面对这么多不同的面孔，你这么做，也是捍卫银行的形象，值得表扬。但是，客户是我们的衣食父母，我们还是要把服务摆在前面，即使是客户的错，我们也要忍让，保持自己的服务形象。"这样的批评让那位高柜柜员虚心接受，从此之后他再也没有与客户发生过争执。

策略三：单独批评好过当众批评。

有人说："你可以私下揭穿我，但是不能当众侮辱我。"意思是讲，难听的话、批评的话，还是私下说，这样对彼此都好。一个聪明的管理者，会想方设法为自己的下属"兜"住面子。因此，管理者可选择无人的场所，对下属进行批评教育。没有第三人在场，批评与被批评永远是两个人之间的事，这样更有利于沟通。

策略四：指明错误。

有些领导批评自己的下属，言语激烈，反复说某某你错了，你的错误非常严重，你可能要面临怎样的处罚……事实上，这类批评的效果相当不好，许多员工觉得自己冤枉，白白挨了一顿批，却不知道到底错在哪，以及如何才能避免犯错。所以，中层在批评自己下属之前，需要提前想好纠错方案，至少要把错误指出来。如果不能明确指出错误，只是糊涂地乱批一通，丢面子的不是员工，而是领导。中层要指明错误，让员工知道错在哪、过失有多大、如何才能改错，只有这样，他们才不会再犯类似的错误。

其实，笔者更倾向于把批评当成引导教育。尤其当下，中层更应该用较为舒缓的、不破坏平衡的方式去影响员工，让员工虚心接受，并好好工作。中层只有让员工揣摩并理解真实意图，才能将批评教育做到极致。

3. 尽量用激励代替批评

俗话说："严以律己，宽以待人。"一名管理者，对自己严格一些，能够做到"吾日三省吾身"，是为上；对待他人，能够多一些宽容，少一些批评，坚持使用鼓励性的语言，是为上。许多刚刚入职的员工，缺乏工作经验，犯错实属正常，对待这种情况，中层更要坚持"少批评、多鼓励"的管理方式，以帮助其迅速成长。

有一支部队，受到敌人的猛烈夹击，伤亡惨重，只有退回到法国南部地区，才能得到救援。经过三天三夜的快速撤军，许多士兵都精疲力竭，几乎连站起来的力气都没有了。

一个士兵一屁股坐在地上，他一脸痛苦，说："我实在是走不动了，你们走吧，把我留在这里，敌人来了，我就在这里跟他们拼命。"

"伙计，希望就在眼前了，难道你就不想念家中的老母亲吗？"另一个士兵劝他。

事实上，他们用三天三夜"急行军"的方式后撤200多公里，已经是极限或者说奇迹了，尤其对于这支伤兵满营的队伍而言。这支队伍的长官，为了完成撤退任务，首先做的是鼓舞大家，而不是批评这些士气低落的士兵。如果这个长官选择了批评或者直接上军法，恐怕会在这支疲劳队伍中产生震荡。

因此，他站起来，拿着自己的枪展示给众人："你们看，这枪是我一年前从一个胜利的战场上缴获而来的；这一次，我又用它打了几个敌人，我可是把它看作胜利之枪。兄弟们，我们还要继续坚持，难道大家真的愿意在这样的地方、这种场景下，跟敌人进行殊死战斗吗？"他脱下上衣，露出身上的两处枪伤，补充道："这两个弹孔就是他们留下的，这是一种痛苦和屈辱，我们要报仇，还要保存实力，重整旗鼓，才能跟他们决斗。"

话说完，下面响起一片掌声。这说明长官的话在队伍中起到了作用，就连刚才那位意志消沉的士兵也有了信心，他重新站了起来。又经过了一天一夜，这支部队终于撤离危险区，回到了大部队。

有些中层在管理团队的时候，更喜欢用批评的方式。有人认为：批评就是让员工认识到自己的错误，用一种更为直接的方式去影响他，纠正他。有人认为：对于有些员工，只有用批评这样的方式才能提醒他们，否则他们会一直浑浑噩噩。还有人认为：所谓恩威并重，就是像老师对待学生那样，以教育为主，以批评为辅，让他们自觉养成好的工作习惯，这样才是解决问题的关键。不少管理者都会用批评的方式管理团队，只是使用的力度和频率有所区别。但是值得深思的是这一种现象：当员工士气低落时，中层反复使用批评的方式管理团队，会让员工更加绝望或无奈，根本起不到作用。当大家热火朝天工作时，如果一个员工因为一点小错误而被严厉批评，是多么不和谐？

因此，中层要慎重使用批评的方式管理团队，更要选择合适的时机，拿捏好批评的力度。如果中层掌握不好，或者不擅长批评的方式管理团队，就应该用激励代替批评，通过良好沟通给员工带来强大的纠错能力和执行能力。

4. 声东击西，转移危机

声东击西是三十六计中的一计，是使对方产生错觉以出奇制胜的一种战术，一种策略思想。声东击西虽然是古人的军事策略，但是用在现代管理中，也会取得非常好的效果。

某物流公司为了拓展业务，准备在某港口附近成立一个物流办公室，负责管理港口物流业务。事实上，港口环境不好，而且物流竞争压力巨大，这样的岗位工作，似乎是吃力不讨好的。

为了找到一名有责任心的负责人，这个物流公司的总调度说："港口物流是大物流未来发展的重点，做好港口物流，才能带动企业发展。因此，我们需要一名业务能力强、能够与企业共同成长的员工，参与到港口物流的建设中来。"

他的话听上去非常吸引人，调动了许多人的参与兴趣，但避实就虚，适当弱化了相对较差的工作条件。许多人主动打申请报告的时候，总调度又找到他们，进行一一谈话："那里可能工作条件会差一些，但是未来发展会很有前景。"听到这句话，有一些员工并没有失去兴趣，表示能够接受这样的条件。其中一个员工说："如果连这种困难都克服不了，我们还能做什么呢？"

通过这种声东击西、避重就轻的方式，总调度找到一名坚韧不拔、责任心强的好员工负责港口业务。第一年，这位员工便取得了突破，成功拿下港口30%的散货物流业务。

另外，声东击西能巧妙化解各种危机。笔者记得某著名企业家在经验分享会上说："管理者应该像狐狸一样'狡猾'，甚至还要学一点兵法。如果总是把事实真相、危机摆在面前，恐怕会让执行者打退堂鼓。困难与真相，需要一步一步揭开，揭开的人，不是管理者，而是执行者。"有人觉得这种策略太虚伪。但声东击西并非欺骗，在管理中，这完全是一种循序渐进的科学沟通方式。既要消除员工的恐惧心理，又要起到积极作用，势必要想一些更好的解决办法。危机到来时，如果没有更好的办法化解，更应该沉着冷静，乐观一些，"蔑视"这些困难和危机。笔者不认为这是一种"阿Q精神"，而是一种很好的放松情绪的手段。

有一条路，是靠积极沟通和磋商，解决危机；还有一条路，是靠出其不意、攻其不备实现突破。笔者认为：声东是假象，击西是真相。善用这种方式，并不违背科学。一个有智谋的管理者，通常会利用声东击西法提高员工的兴趣和工作热情，弱化目标的艰巨性，这在普通管理工作中是积极有效的。只有这样，管理者才能管理好队伍，中层才能在严峻的形势面前，打开局面，取得骄人成绩。

5. 自嘲：一种用幽默增进魅力的讲话方式

鲁迅先生有一首《自嘲》的诗是这样写的："运交华盖欲何求，未敢翻身已碰头。破帽遮颜过闹市，漏船载酒泛中流。横眉冷对千夫指，俯首甘为孺子牛。躲进小楼成一统，管他冬夏与春秋。"在笔者看来，这是一首显示鲁迅勇敢坚毅的诗。自嘲，不是自我嘲笑，而是一种聪明智慧，甚至是一种能力。自嘲也好，幽默也罢，这样的语言总能给管理者增添一些魅力，同样会给员工一种平易近人的感觉。

南方某中行，有一个刚刚上任的新行长老刘。老刘登台讲话时，因为地板太滑，一个趔趄，摔倒在地。当下面员工以为，他要为此大发雷霆的时候，他慢慢站起来，扶了扶腰，笑眯眯地说："真不好意思，没想到还跟地球来了一次亲密接触。"一句自嘲，瞬间缓解了尴尬气氛，而且让那些打扫的员工把悬着的心也放了下来。

老刘是一个非常幽默又非常讲原则的行长。有一次，一名员工与客户发生争执，差点动手。为了解决问题，他先是向客户赔礼道歉："员工出错，错在我这个管家身上。您就给我一个机会，让我为您亲自服务。"冲着老刘的话，客户才放弃了继续投诉的念头。回过身，老刘用一种很婉转、幽默的语言批评员工："客户是上帝，我们可以把上帝当成大爷。如果我们变成了大爷，客户变成了孙子，是不是前后顺序颠倒了呢？"听了这话，这个员工惭愧地低下了头，并承认自己的服务意识不强，没有把客户放在心上。

因为出色的管理成绩，老刘当选片区最优秀行长，他登台发言时说："我是一匹老马，如果不是身边的骏马追赶着，恐怕我就要掉队了。在这里，我由衷感谢我行的全体员工，如果没有他们，我就不能'横刀立马''马上成功'。"老刘的总结陈词，非常风趣，极具感染力，而且始终不忘自己的员工。

一家心理研究所对某企业 500 名员工进行调查，有一个问题是关于更喜欢什么样的管理者的，其中 79％的人投给"幽默"的管理者，11％的人投给了"严肃"的管理者。善于自嘲的、幽默的管理者深受员工的欢迎，他们认为：幽默的领导，会让工作环境变得舒服，压力变得更小；与幽默的领导打交道，似乎更加容易一些。幽默可以化解各种尴尬，并给紧张的气氛带来一股新鲜空气。除此之外，幽默是提升员工士气的一种武器。事实上，善用幽默的人，往往是乐观的人，而且善于"暖场"，更善于保护自己的下属，安抚自己的下属，即使下属犯了错误，也会对事不对人，尊重下属的人格。

有位哲人说："一个成功的人是以幽默感对付挫折的。"笔者认为：一名好的中层是"自嘲"的孺子牛，而不是"自大"的狮子先生。

Part 5

好中层要善于激励

第十三章

建立有效激励机制

1. 激励机制：企业的成功基石

管理大师德鲁克认为：企业只有一项真正的资源，就是人。许多企业也把员工当作成功的基石，企业发展的"台柱子"。没有员工，也就没有前进的动力。就像一艘船，船长指挥、把舵，船员齐力划桨。如果船员的力气枯竭了，或者思想出现了波动，船前进的速度就会慢下来。所以，人们常常看到把舵人不停地用"击鼓""喊口号"的方式激励船员，让船员继续高强度、高频率划桨，只有这样，才能创造好成绩。企业成员离不开激励机制。

激励是一种鼓励方式，通常采取物质与精神相结合的方式进行激励。激励机制就是现代管理者最常使用的管理武器，通过建立一套体系，实现员工的永动状态。一个学习不好的孩子，通过激励可以实现学习成绩的提升；一名员工在激励的刺激下，也会爆发出前所未有的战斗力和热情。激励就是一块磁铁，可以让纸张上任意摆放的铁钉整齐划一地排好队伍。有人在书中记载了十个企业科学激励机制要点，具体情况如下。

第一，靠激励去解决问题，而不是靠应急预案。任何应急预案都是危机处理方法，只有到了万不得已的地步，才能启动。激励则完全不同，它大大提高了员工的主观能动性，让员工自主为企业做出贡献。

第二，激励冒险比躲避风险更加积极有效。许多企业都会设置"冒险奖金"，用来激励那些敢于冲锋陷阵的员工。如果仅仅为了躲避一座冰山而努力，有可能会撞上另一座。激励冒险的意义是，给船安装一套"破冰设备"，无论船走到哪里，都不会被冰山所困扰。

第三，激励具有实际意义的创新。笔者有一个朋友，是某企业的技术研发能手，多次获得奖金和职称上的奖励。有些企业只是跟风，推出的"革新奖励"机制仅是面子工程，起不到任何作用。因此，部门管理者要剔除这样的思想，把奖励与创新实践结合在一起，才有积极作用。

第四，激励果断行动，不奖励无用的分析。这是非常客观、实际的，只有行动才能出真知，有时候理论只不过是"纸上谈兵"而已。所以，管理者要坚持这样的激励思维，鼓励行动者，让行动者体现价值。

第五，激励工作出色的人。想必这一点，是许多管理者早已想到的，对于那些碌碌无为、一天到晚混日子的人，不应该采取鼓励，而应该采用"恩威并重"的科学绩效管理，从而提高他们的工作积极性。对于工作积极的员工，不仅要鼓励，而且要推崇，将他们打造成模板。

第六，激励简单化，反对毫无意义的复杂化激励。笔者记得有一个企业家说："能够把复杂问题简单化的人，对于这样的能人，为什么我们不留用他、奖励他呢？"有效简化就是一种优化，也是一种创新，非常值得管理者去奖励。

第七，激励默默无闻者，不激励哗众取宠者。中层一定要提高自己的观察能力和判断能力，有一些人总是当着中层的面工作，当中层离开之后，他便开启休息模式。如果激励这样的哗众取宠者，对默默无闻的人而言，是极度不公平的。

第八，激励高质量的行动。这一点也很容易在管理层达成共识，那些试探性的，或者只是一些"流程"式的行动，只是一种再普通不过的工作行为，不值得启动激励机制。

第九，激励忠诚。面对那些能力强，但是总想着跳槽的员工，中层只能用"安抚"或者"教育"的方式进行处理。面对那些忠心耿耿的员工，中层要善待他们，甚至给予他们激励，让他们安心工作，给他们归属感。

第十，激励合作。当今社会，早已经不是"老虎独霸山林"的时代，而是"群狼共舞"的时代。员工与员工之间，部门与部门之间，都要紧密合作，团结共赢。对于具有合作精神的员工，要提倡，更要激励。

德鲁克认为：卓有成效的管理者善于用人之长。笔者认为，管理者借助激励机制可以完善这一管理，从而让员工拥有更高昂的干劲儿。

2. 熟练掌握激励机制的五大原则

古人言："严守天条规律，不敢秋毫有犯。"凡事要按照事物规律来。激励机制是非常好的管理工具，中层应该深谙其中之道，只有熟练掌握它的原则，才能运筹帷幄，决胜千里。笔者认为，激励机制要想激发员工的潜能，就要合理有效、不偏不倚。因此，管理者制定激励机制，应该坚持五大原则。

第一，公平原则。

万事万物都离不开"和谐"二字。个别中层总有侧重之心，谁对自己好，自己才对谁好。换句话说，不讲原则，只讲利益和人情。如果一名优秀的员工，仅仅因为中层的主观意愿，而错过一次人生重要的晋升机遇，对于公司而言，是不是一个很大的损失呢？因此，中层要摒弃这种不良的择人嗜好，一切从企业角度出发，公平公正地对待每一名员工。激励机制也要建立在公平原则之上，如果该奖励的不奖励，不该奖励的胡乱奖励，不但起不到奖励的效果，而且会严重挫伤优秀员工的积极性，给管理带来隐患。

第二，绩效原则。

事实上，许多企业都在这样做，这样的机制叫绩效激励机制。如果把员工的工作成果与奖励挂钩，恐怕是世界上最公平、最直接、最有效的奖励方式。银行为了鼓励客户经理卖产品，就会将业务总量与奖金提成结合在一起，进行奖罚。超额完成任务的，能够按比例拿到奖金；完不成任务的，恐怕可能会受处罚。绩效结果是衡量员工工作能力、奉献精神的非常好的参考标准。管理者利用绩效结果，可以按照绩效激励机制的条框进行比对，从而做出有针对性、有科学标准的奖励。

第三，物质与精神相结合的原则。

马斯洛的需求层次理论指出，人们最先满足的是物质需求，而高级的需求则是精神需求。因此，只讲物质而忽略精神，或者只讲精神而忽略物质，都是不完善的。一些有经验的管理者总会采用"物质上光荣、精神上实惠"的奖励原则，让那些有突出成绩的员工，既可以赚到钱，也可以赢得晋升机遇。让员工物质与精神实现双丰收才能从根本上激励员工，挖掘出他们的潜能。有一些人认为：金钱是万能的，只要多发奖金，就能起到刺激作用。但是付诸实践的管理者最后发现：员工的工作干劲没有得到提升，反倒胃口越来越大。相反，如果只注重精神奖励，而在物质上没有表示，则给人一种虚伪的感觉。

第四，短期与长期相结合的原则。

这一点，主要是管理者的视野所决定的。笔者观察到一个现象，有些中层只是把工作部门当作跳板，于是他们只用一种阶段性的短期激励，刺激员工在短时间内成就某一个奇迹。这种行为是非常自私的，而且不符合企业的整体利益。因此，中层要开阔自己的眼界，不要被格局限制，要坚持短期与长期相结合的激励原则。阶段性的奖励只是为了让员工向人生巅峰发起冲击。只有这样，中层的管理工作才能持续、有效进行。

第五，正面激励与负面激励相结合的原则。

顾名思义，正面奖励就是发奖金、发福利、给予晋升机会等；负面奖励就是扣罚奖金、停发福利等。小功不奖则大功不立，小过不戒则大过必生。功过之间，管理者既要守恒，又要恩威并施、张弛有度。科学管理就是坚持以正面激励为主、负面奖励为辅，人为制造出一种具有"鲇鱼效应"的竞争环境，从而全方位激发员工的工作热情和斗志，提升工作执行力。

坚持这五大原则，是顺利实施激励机制的重要保障。因此，中层要认真学习，领悟这五大原则的深刻内涵，坚持客观公正、民主科学的管理方法，把管理工作落到实处，为企业创造更多的贡献。

3. 建立激励机制模型

激励，就是一种挖掘员工潜能、提高绩效指标的管理工具。管理者使用激励，就如同给一条木船安装了马达。经营之神松下幸之助以经营管理闻名于世，提出了激励员工的 21 条诀窍，其中有一条是把握每一个机会，表明以员工为骄傲，这样能使他们发挥最大的潜力。另外，一名优秀的中层要以身作则，言行一致，为员工树立好榜样。这也能激励员工不断努力工作。世界上，只有勇敢的将军，才能带出勇敢的士兵，这就是榜样的作用。

美国的一名管理学家威廉·詹姆斯在《行为管理学》一书中指出：接

受计件工资的员工，其能力只能发挥20%～30%，如果受到全方位的激励，其能力可以发挥到80%。不难看出，管理者通过激励，能够大幅度提高员工的工作积极性和工作效率，为企业带来丰厚的回报。一名管理学者认为，人类行为是由四种感情需求或者内在驱动力所决定的，只有满足了他们的需求，才能从根本上起到激励作用。中层依据这四种感情需求，就可以建立起激励机制模型，凭借这个模型，将激励机制模型化、系统化、科学化。想要设计并建立这个模型，笔者认为要结合以下四个方面。

第一，奖励制度。

企业管理通常是靠许多制度来完善的，比如岗位制度、工作制度、请销假制度、财务制度等，这些制度如同法律条文，最大限度地保障了企业的利益。许多企业的奖励制度，就是用来区分优秀员工和普通员工的。对于那些优秀的人，管理者不但要奖励，而且要在物质和精神上满足他们的需求，比如金钱需求和荣誉需求。这一点，中行就做得非常到位，除了待遇上的奖励，中行每年还将好人好事归档整理，让其他员工学习、借鉴。只有这样，才能激发后人，青出于蓝而胜于蓝。

第二，文化建设。

企业管理的基石，还有一个重要方面，就是文化。如果一个企业没有自己的文化，而是复制其他企业的文化，那么这样的企业在成长过程中，一定会遇到问题。就像一位企业家所说：企业没有企业文化，就如同火车没有燃料，根本无法开动。企业文化是什么呢？企业文化就是企业的一种精神标志。员工凭借企业文化，能够建立起归属感、友谊，相互协作、帮助，成为企业真正的主人。因此，中层千万不要忽略企业文化的建设与传播，要让每一名员工都拥有企业信仰，为企业发展贡献自己的力量。企业拥有这样的文化氛围，才能更好搭建激励机制模型。

第三，岗位设计。

有人会问："每一个企业、每一个部门，不是都有人员分工吗？难道这样的设计还有特别之处？"笔者认为，岗位设计不同于简单分工，而是一种岗位优化。每一名员工的兴趣、强项都不尽相同，让员工在最适合的岗位上发挥自己的强项，才能取得突出成绩。中行会让沟通力强、亲和力强的员工高柜柜员，还会让业务能力强、能够吃苦耐劳、抗压能力强的员工做客户经理。要根据员工的各个特点，设计出更加人性化的岗位。这样，员工更加有信心，激励机制能更好发挥作用，员工对企业的付出与贡献也就更多。

第四，绩效流程。

绩效流程是现代企业的一种现代化管理工具，它不仅能够提供一个标准化的模板，而且能够让企业管理更加透明、公平、科学、系统。有一个企业家说："绩效流程是一条巷道，巷道里面就是我们的员工。员工在巷道里走，不必考虑迷路的问题，只要不走回头路，就能取得个人意义上的成功。"事实上，绩效流程就是将绩效与管理流程结合在一起，是一种一箭双雕的管理工具。尤其在激励方面，它更能够体现公正合理，从而使员工与管理者之间建立起强大的信任基础，提高工作绩效。

除此之外，中层干部要多学习马斯洛需求层次理论，能够从这些需求出发，结合各种制度设计出适合部门的、有特色的激励机制模型。

4. 巧用激励，提升员工归属感

员工认不认真工作，执行能力强不强，与归属感息息相关。许多管理者并不在乎这一点，他们认为：工作完成得好，自然会得到更高的酬劳。员工本身就是打工的，工作目的也仅仅是挣钱而已。奖励也是如此，物质奖励的主要目的就是刺激员工的主动性，给企业创造更多利润。归属感的建立，在某种程度上讲，比物质奖励还要管用。归属感并不是一种简单的情感，它是一种长期的、复杂的、受多方面影响的情感。一个人的归属感是环境所决定的。就像一个家庭，家庭成员为了家庭会付出100%的情感，如果一名员工为了企业倾尽全力，必然会为企业创造大量财富。笔者认为，巧用激励机制，就可以提升员工归属感。

老于担任南方某中行支行行长以来，立足本职工作，兢兢业业，求实奋进，打开了工作局面，使这家成立仅两年的二级支行得到了健康、稳定、快速发展。

在工作中，他非常注重通过运用情感的纽带，入情入理，竭力塑造尊重人、理解人、关心人、帮助人、富有人情味的工作氛围，提升员工归属感，以此来增强工作的实效性和感染力。他常说："做任何事情，人最为重要。"老于改变员工的思想观念，通过员工家访、谈心、正面引导，逐步打造从"要我做"变成"我要做"的良好团队氛围。尽量做到人尽其才，充分发挥全体员工的主观能动性。通过对平时工作表现一般的员工进行家访，老于拉近了自己与员工的距离，全体员工积极工作，以银行为家，银行出现"人人想干事、人人能干事、人人能干成事"的良好氛围。

在仅仅两年的时间里，老于带领员工在支行的发展史上写下了浓墨重彩的一笔。如今，随着新的一年开始，他又踏上了新的征程，正以昂扬的斗志和饱满的热情，为这家支行的快速发展奋力拼搏，不断地超越自我、完善自我，朝着既定的目标阔步迈进。

那么归属感到底从何而来呢？笔者认为，有两个"源头"。第一个"源头"是人性化的管理，如果采用集权制、高压式的管理，恐怕许多员工都会产生心理阴影。而那些民主的、人性化的管理方式，会释放员工的工作压力。工作环境好了，员工自然会表现好一些，归属感强一些。第二个"源头"是激励机制，激励机制通常由物质奖励和精神奖励组合而成，归属感也是由物质与精神两个方面决定的，因此管理者要健全、完善、优化激励机制，让激励机制为员工的归属感保驾护航。最后，笔者用一句法国企业界的经典名言收尾："爱你的员工吧，他会百倍地爱你的企业。"

5. 巧用激励，提高员工执行力

索尼创始人盛田昭夫说："日本公司的成功之道并无任何秘诀和不可言传的公式。不是理论，不是计划，也不是政府政策，而是人，只有人才会使企业获得成功，因此，衡量一个主管的才能应该看他是否能组织大量人员，看他如何最有效地发挥每一个人的能力，并且使他们齐心协力，协调一致。作为主管，待人应该真心诚意，如果你要发挥人的作用，钱并不是最有效的工具，你应该把他们融为一家，对待他们像对待你的家人一样。"他的话不仅给管理者提供了参考，而且指出了两个提升执行力的方法，一个是物质层面的激励，另一个则是精神层面的激励。

一个合格的中层，首先要做的，就是提高员工的工作热情和干劲。当下，许多中层借助各种指标考核去管理，完不成就罚款，完成了就奖励。许多员工认为，这样的管理与机器没有区别，甚至还有许多员工，为了完成任务想出各种各样的花招。这就是一种"敷衍"的工作态度，这种消极的态度恰恰折射出管理的不科学。健康的管理，看上去像一根链条，链条上所有的部件都是完好无损、环环紧扣的。聪明的管理者，并不需要单独设计一套管理工具，完全可以借助科学的成熟的激励机制提高员工的工作积极性，从而提高执行力。

南方某中行领导老王，对上级行下发的各项考核办法多次进行了认真细致的解读，在考核上下了大功夫，牵头制订了支行个金营销专项活动方案、支行年零售贷款营销活动方案、支行消费金融专项竞赛活动方案等。考核方案中，既有机构层面的奖励，又有网点负责人及客户经理层面的奖励，充分调动网点及客户经理的工作潜能，使员工的精神面貌得到了极大改变，全行形成了你追我赶的工作氛围，从而全面完成各项指标任务。

老王要求支行个金部相关条线管理人员发挥统率引领作用，通过微信平台，做好业绩通报，做好网点经验分享。每季支行个金部组织考核并兑现奖励，通过召开业绩通报会，分析点评各网点存在问题，采取应对措施，从而达到对指标查漏补缺的目的。

人是第一生产力，老王充分调动员工工作积极性，对待个金部员工以鼓励为主，工作上以身作则，要求别人做到的首先自己做到。在他的带领下，个金部各岗位员工斗志昂扬，积极向上，思想观念和精神面貌发生了深刻变化。一些员工也由后进变成先进，服务意识发生很大变化。根据支行考核方案，老王紧抓个人客户经理这支关键队伍建设，坚持做到奖罚分明，做好客户经理业绩通报，抓好过程管理，充分激发客户经理的工作积极性。正所谓"一人拾柴火不旺，众人拾柴火焰高"，在考核方案的激励下，大家充满了无限的力量和激情，执行力不断提升。

现实中，中层怎样才能巧用激励呢？笔者认为，有两个方面。第一个方面，在物质奖励基础上，更要做好情感激励。一个企业、一个部门，就是一个家庭，管理者是家长，员工是孩子。孩子怎么才能听话，怎么才能有积极的学习态度呢？家长一定要做好感情上的沟通。平时工作期间，上下级要保持一个良性互动，闲暇之余，领导可以找员工谈谈心，或者组织茶话会一起交流、分享，从情感上激励员工，员工思想上的负担就小了。第二个方面，在荣誉奖励的基础上，实行竞聘制。竞聘制就是建立岗位胜任模型，让所有员工站在同一起跑线上，进行公开、透明、公正选拔。这样的方式既能激发员工的战斗力，又能够树立典型，让其他员工向典型学习，形成一种"你追我赶"的良性竞争氛围。只有这样，中层才能借激励机制发力，营造健康的工作氛围，提高员工执行力。

有一个著名企业家认为：领导者不是只告诉团队怎么干，更要激发团队朝目标勇往直前。激励只是一种手段，想要让管理卓有成效，中层还要坚持学习，认真思考，从管理中悟出真谛，从而将管理工作做到位。

第十四章

激励是规则，发挥能动性

1. 激励是规则：让"游戏"更有趣

卡耐基说："你无法推任何人上阶梯，除非他本人爬上去。"许多管理者想要通过简单粗暴的方式解决问题，到最后发现，船早已经偏离了航线。激励并不简单，它并非只是表扬，它包含一套科学的管理机制。管理者借用某种"诱惑"让员工的精神能量发生变化，继而带动员工行动，让员工朝着更高的目标前行。如果把激励当成一种游戏规则，这个规则可以让游戏变得更加有趣。

"诱惑"到底是什么呢？笔者认为，它是可以支配并调动人的积极性的。换句话说，就是员工的需求。中行一位老行长谈及员工的需求时说："大家工作的目的是什么呢？赚钱养家。如果不再为生计发愁了，是不是人们就失去前进的动力了？当然不是，人们还有更高级的追求——实现自我。"管理者要种下这样的"诱惑"，同时要防止大家为了追求它而不择手段。因此，中层要把激励机制看作一种制度，不仅要激发人的斗志，还要控制人的行为。古人言："君子爱财，取之有道。"员工想要多拿奖金，更要遵守游戏规则。游戏规则的设计者不是别人，就是部门负责人，广大的中层。

一方面，这个规则是一种"投其所好"的规则。

世界上，任何科学的、人性的规则，都是根据人的特点设计的，比如人的习惯、行为方式、价值观、需求等。那中层如何才能准确把握员工的脉搏，种下"诱惑"呢？有一个著名的风投公司，其思路很值得大家借鉴。这家公司的一个人力主管，为了设计一款激励模型，用调查走访的方法，征集员工的各种想法需求。经过一个星期的走访，他一共收集了60多种不同的答案。其中81%的人认为：物质奖励更加重要，包括各类奖金、工作福利、免费旅游等。11%的人认为：精神奖励也要有所体现，比如各种荣誉的授予、职位晋升、被公司认可并被树立为典型等。还有6.5%的人认为：人文关怀也是一种激励。因此，这个人力主管将这三个"重要元素"加入激励模型中，最后取得了非常好的效果。事实上，任何一种规则都应该投其所好，如果"投其所恶"，必然会起反作用。有一个不明白激励规则这一特点的老师，他对优秀学生的奖励是黄冈试卷一套，这样的奖励，让学生们苦不堪言，无法起到正向激励的作用。聪明的管理者，懂得投员工所好，让员工因梦寐以求的东西而付出更多努力。

另一方面，这个规则是一种公平公正的规则。

美国著名心理学家斯塔西·亚当斯在1965年提出"公平理论"，也叫社会比较理论，该理论也是著名的激励理论，主要内容是：当一名员工取得成绩并得到报酬时，他不仅关心自己所得报酬的绝对量，还会横向比较所得报酬的相对量，通过这种比较，他能够得知自己所得报酬是否合理，这样的结果将直接影响他的工作积极性。简言之，劳有所得。如果劳无所得，或者付出与所得不成正比，那么员工就可能会选择"消极怠工"了。激励规则必须是公平公正、合情合理、符合社会主流价值观的，能够让员工劳有所获，心满意足。员工尝到了甜头，自然会更加专注、更加卖力。让员工通过自己的努力，实现人生价值，不就是管理者一生所致力的管理课题吗？

除此之外，中层应该将公司的期望值纳入激励规则。通过这种方式，员工能够明确自己的努力方向和奋斗目标，知道只有努力达到公司的期望值，才能获得更多奖励。

2. 激励不是只奖不罚：建立奖罚规则

兵书《六韬》有云："尊爵重赏者，所以劝用命也；严刑重罚者，所以进罢怠也。"《汉书》中也有类似的话："劝以厚赏，威以重罚，则前死不还踵矣"。先人教育我们，管理要恩威并施，奖罚分明。如果只奖励，不处罚，就会纵容人们犯错误；如果只处罚，不奖励，就会大大挫伤人们的积极性，不利于管理。

奖与罚，就是对与错和正与反，是相互联系、不可分割的一个整体。有功就有奖，有过就有罚，这是古人传下来的管理智慧。因此，中层也要奖罚分明、奖罚有度，让员工喜欢它，有时候也让员工害怕它，有恩就有威。中行在奖罚上做得很到位，几乎每一个分行、支行的领导都能坚持这样的激励理念。记得几年前，一名负责清欠贷款的老员工，连续几个月都不回家，天天住在欠债公司外的小旅馆里，就是为了把银行的贷款要回来，防止欠债老板跑路。凭借这种职业精神，这个老员工取得了成功，他在近50岁的时候，还被破格提拔。还有一些员工，因为小事被处分。有人会问："是不是有点小题大做了？"笔者认为：勿以恶小而为之，勿以善小而不为。错了就是错了，知错能改才是好同志。激励的目的，就是让员工正确做事、认真做事、有贡献。

另外，笔者要补充一点：奖罚一定要客观、公平。以前，笔者发现了一个不好的现象，某些中层在奖罚问题上私心很重，谁对自己好，就在奖励上恩惠谁，本来只能发 500 元奖金，结果发了 1000 元。对于那些犯错的下属，则是采用一种包庇方式处理，甚至还向自己的上司求情："某某这是第一次，希望给他改过的机会。"但是对于其他人，则是该处罚的处罚，该严惩的一定严惩，更有甚者，借奖罚制度公报私仇。对此中层一定要高度警惕，切莫把奖罚制度当作自私自利的武器。

曹操说："明君不官无功之臣，不赏不战之士。"作为一名管理者，要奖罚分明，讲原则，有自己的立场。善用激励，让激励成为一种管理手段，才能把队伍带好。

3. 让规则代替人治

激励可以看成一种工具，一种规则，一种制度。我们还可以把它当成一只手，一个无形的管理者。在它管辖范围内，其他管理者应该顺从于它，不要去过度干涉。有一些中层，认为规则这也不好、那也不好，不仅不按照规则条款执行，甚至擅自篡改规则，让激励规则彻底失去作用。因此，中层不仅要成为激励规则的捍卫者，而且要减少个人因素，充分发挥规则公平公正、科学合理的特点。

为什么有人不喜欢规则呢？笔者认为，有两个原因。第一个原因：畏惧规则，担心规则坏了自己的事。有个企业，针对部门的优秀个体，有两万元的奖励，集体层面还设有奖金池。其中有一个部门领导，总是钻奖励的空子。第二个原因：凌驾规则，显示自己的权力高于规则。其实，这是自私的表现，作为一个管理者，处处显示自己的权力，是非常愚蠢的，而且与谨慎用权的社会价值观相违背。笔者认识某企业的一位老总，他总是强调："人不在了，规则才有效。"言外之意，人就是规则。正因如此，这个老总常常"食言"，连承诺的年终奖都迟迟不兑现，企业内部怨声载道。让规则代替人治，就是一种科学的、能够服众的管理方式。员工犯错了，有规则惩罚，员工进步了，也有规则奖励。就像作家周国平说的：规则比人更可靠。那么如何才能让激励规则发挥作用呢？笔者认为，中层要从三个方面蓄力、做好。

第一，提前做好沟通工作。

突如其来的奖励或惩罚，都会给人一种"假象"，同样会给岗位上处于高速运转状态的员工，带来心态上的变化，以至于影响其手头上的工作。因此，在奖励或者惩罚前，管理者应该与当事人进行沟通，为规则的启动扫清障碍。中行有位老领导，对于那些获奖的下属，总会用祝贺作为沟通的桥梁，并借此鼓励下属，让下属戒骄戒躁，保持好心态，继续为银行做贡献；对于那些犯错的下属，他也会单独与其沟通，并指明未来的执行方向，说明如何才能避免类似错误。通过沟通，这个银行在奖罚方面做得非常到位，管理效果也非常明显。

第二，协调内部资源。

部门不论大小，都是一个小社会。这里，员工们各司其职，分饰不同的角色。想要把这些角色串联起来，有序组成一个整体，管理者就要将其协调好，并解决好两个问题。第一个问题是如何优化人力资源，让合适的人出现在合适的位置上；第二个问题是如何避免让奖罚机制触及员工的核心利益，从而实现部门利益最大化。只有将内部资源协调好，才能给规则执行创造良好的环境，从而让规则发挥作用。

第三，让规则落到明处、实处。

有一些管理者总是偷偷奖励员工、处罚员工，唯恐其他员工看到。事实上，这种偷偷摸摸的奖罚行为虽然在保护员工隐私或者面子上有成效，但是不符合激励机制公开透明的原则。因此，管理者要遵守规则，完全按照规则条例办事。奖励与惩罚，本来就需要落到明处和实处，否则就起不到激励作用。

坚持从以上三个方面出发，把激励规则当成一个管理模型，不要干涉，不要姑息、纵容员工，更不要随意更改规则。只有把激励规则的优点充分发挥出来，中层才能做好管理，带好团队。

4. 树立规则意识

最好的管理，是无为而治，借助制度、流程，让员工实现自我管理。好习惯非常重要，好习惯胜过好管理。一方面，管理者通过激励机制完善管理；另一方面，管理者要让员工树立规则意识，有了这样的意识，员工自然就会规范自己的行动。规则意识是什么呢？顾名思义，规则意识是一种源于内心的，以规则为价值观的行动意识。员工拥有了规则意识，便会自觉遵守各种规则，严格按照规则办事。

德国有一个小镇，深夜街道上已经没有了行人。有一辆汽车来到一个十字路口，因为红灯而停了下来。两分钟过去了，绿灯依旧没有亮。车内，一个乘客问司机："为什么还不走？"司机说："前方是红灯，绿灯还没有亮呢。"乘客有些不耐烦，他急切地看着表，然后问："是不是交通灯坏了？"

又过了几分钟，后面来了一辆车，这辆车也乖乖地停在汽车的后面。因为已是深夜，交警早已经下班，这样的问题，恐怕只能第二天解决了。一个小时之后，小镇的这条街道上排起了长龙，一辆车接着一辆车，令人惊讶的是，竟然没有一辆车闯红灯。有人实在等不及了，便拨打了 24 小时紧急热线，十五分钟后，负责交通事故的人员赶到现场。他们检查发现，只是交通灯出了问题。经过几分钟的抢修，交通灯终于修好了。绿灯亮起，所有的车才一辆一辆驶离。

有人认为：这群人简直太傻了，深更半夜，四处无人，明知道交通灯出了问题，还不闯红灯走？在笔者看来，这种行为不仅不傻，而且非常值得赞赏。世界上，不少人因为不守交通规则而酿下惨重的悲剧。大家养成了规则意识，按照一种相同的办法进行处理，才能够体现出自身的素质和价值。

培养员工的规则意识，不是一天两天的事，需要中层长期坚持，不要因短暂的无效而失望，更不要因短暂的有效而骄傲。一名优秀的管理者，不仅要把自己变成规则意识的拥有者，而且要建立一套规则意识管理方案，借助方案管理员工。

简单地说，笔者认为规则意识管理方案的制订与执行，主要应注意两点。第一点，反复灌输，提高影响力。反复灌输并不是"洗脑"，而是一种成熟的管理方法。幼儿园阿姨为了让孩子养成卫生习惯，便常常叮嘱他们："饭前便后要洗手。"提醒的次数多了，孩子也就记住了。我们可以把这种意识，看作一种"条件反射"，只要重复次数多了，就会逐渐养成这样的习惯。因此，管理者要反复强调、灌输，让规则意识充分体现在管理中。员工接触多了，感受多了，自然就会形成这样的意识。第二点，善用奖励，提高影响力。奖励的目的，就是激发员工的干劲，使之拥有良好的工作习惯。因此，管理者要善用奖励，鼓励优秀者；对于那些破坏规则的人，也要进行批评和教育。管理者也要以身作则，身正为范，管理上才能卓有成效。

建立规则意识，如同打好基础。因此，广大中层管理者要处处讲规则，让规则成为管理的手足，从而让这种意识在员工的大脑里落地生根、开花结果。

5. 绩效激励规则：挖掘下属潜能

如今，越来越多的管理者开始重视员工的综合能力，比如专业知识、业务技能、忠诚度、荣誉感、执行力等。管理者以拥有综合能力强的员工为荣，那些著名的世界 500 强公司，它们的强大生命力就源于此。比尔·盖茨认为：一个公司要发展迅速得力于聘用好的人才，尤其需要聪明的人才。古人则说："千里马常有，而伯乐不常有。"因此笔者认为，一名好中层不仅要做一名优秀的管理者，更要做一名知人善任、能够挖掘员工潜力的伯乐。

松下幸之助认为，造人先于造物，员工才是企业最宝贵的财富。管理者通常会想尽办法来激发员工的潜能。比如设置奖励机制，通过物质与精神双向刺激，让员工爆发战斗力；比如设计晋升制度，通过提升平台、增加筹码，提升员工的忠诚度和执行力。当然，优秀的管理者会打造一种科学有效，而且更加人性化的绩效激励规则，这种规则既能满足员工的需求，也能实现企业的用人目的，是一箭双雕、一石二鸟的好办法。绩效激励规则将奖金与绩效挂钩，还有一个巨大的好处：可以拉开员工之间的收入差距，形成一种阶梯薪资。收入低的员工，会迎头赶上；收入高的员工，会更加卖力。

有一个物流公司的业务主管老朱设计了一套薪水考核方案，即"工资＝岗位工资＋工龄工资＋绩效工资＋奖金"，其中岗位工资和工龄工资是固定的，绩效工资与绩效息息相关，奖金与超额完成的任务量相关。到了月底，58 名司机的薪水皆不同，有的拿到 18000 元，有的只拿到 9000 元。

一个拿到 11000 元的司机，有些不理解。他自言自语道："我这个月的工作跟平时完成的工作一样多，上个月还有 15000 元，这个月才 11000 元，差了 4000 元。"他有些不服气，于是找业务主管老朱理论。

老朱拿出一份表格，然后逐一给他解释："老伙计，这个新绩效考核工资表，你应该看到了。其中，5500 元是你的岗位工资和工龄工资之和。只要你完成任务的 60%，这个基本款就能拿到了。剩下的 5500 元是你的绩效工资……至于奖金，因为你没有超额完成任务，这个月就无法拿到了。你看，这个拿到 18000 元的司机，他这个月的运输量比你多出 30%，按照比例，他就拿到了这样的薪水。如果你下个月努力一点，我想拿到 15000 元是绝对没有问题的！"

事实上，58 名司机中，有 32 名司机超额完成任务，月收入都大大超过了上个月。老朱是个非常善于沟通的人，为了让大家接受这个新方案，他拿出大量时间做那些积极性较差的司机的心理工作，并取得了一定成效。下个月，这 58 名司机除一人因病外，全部超额完成任务，且人均收入超过 15000 元。到了年底，老朱分管的业务部，实现利润 2400 万元，比上一年增长了 44%，在竞争激烈的物流环境中，取得这样的成绩，实属不易。

故事中的这位中层的薪资管理方式，并不是妙手偶得之，他只不过借鉴了成熟的绩效奖励方法。这种考核方法明确有效，更能够激发员工的斗志。事实上，管理者完全可以邀请员工共同设定绩效目标，让上下级达成共识，从而形成一个有机的"利益共同体"，继而为企业组织创造更大的贡献。

第十五章

引入竞争机制，激活员工

1. 设计竞争机制

亚当·斯密说："一种事业若对社会有益，就应当任其自由、广其竞争，竞争愈自由，愈普遍，那事业就愈有利于社会。"人类也是自然界竞争的优胜者，通过不断竞争，获得智力、体力上的进化。没有竞争，世界恐怕就是一潭死水，甚至连生命也无法诞生。有一个词叫"百舸争流"，意思是上百条船争着在水上疾驰，有种争先恐后的架势，形容很多人都在奋勇前进。这种状态，与"赶鸭子上架"完全是两种境界。有竞争才有进步，这也符合达尔文的进化论。人在充满竞争的环境里，才能学到真本事。中层不仅要学会管理，而且要设计竞争机制，让员工行动起来。

淘汰与提拔，它们是职场中的两个部分。大浪淘沙始见金，金就是优秀的、执行力强的员工；大浪淘沙中的"大浪"，则是企业管理机制。更多时候淘汰只是一种手段，其目的在于让员工有一种危机感，从而自我鞭笞、不断进步。竞争机制与激励机制、绩效机制是挂钩的，或者说是"三位一体"的。激励机制更加侧重物质与精神方面的激励，以附加奖励为主；绩效机制强调绩效成绩，也就是任务目标，是一种结果管理策略；竞争机制则是通过一些"评估淘汰"手段，让能者上庸者下，有效形成一个良好的竞争环境。当然，这三种机制如同管理者手里的"三板斧"，管理者借助这"三板斧"，就能快速打开局面。那么管理者如何才能设计出一个适合部门的竞争机制呢？笔者认为，要明确以下两个方面。

一方面，借助什么样的方式淘汰。

有竞争就有淘汰，那么要通过怎样的方式淘汰呢？不管方式如何，至少竞争淘汰是非常严肃的事情。有些管理者认为：要借助企业制度、测评等建立一套科学合理的淘汰机制，这种机制更具有说服力。不管是哪一种方式，最终目的都是一样的。管理者在设计淘汰方案时要注意几点。第一，要体现淘汰的合理性和公平性，还要进行有效监督，不能为"徇私舞弊"提供机会。第二，要对淘汰的员工进行妥善安排。这里，笔者说明一点：许多企业直接让被淘汰人员下岗，是一种非常不提倡的方法。有些企业的做法简单粗暴，不但伤了员工的心，甚至给企业带来严重的负面影响。因此，要根据绩效评分，对不同的人员进行分批安置，针对那些表现力差的员工，应该给予其试岗的机会，如果其确实达不到要求，则应该为其安排培训，为其今后寻找工作铺好路。第三，淘汰结果出炉之后，管理者要与被淘汰人员进行沟通，尤其在思想情感方面，坚持用制度、道理和人情进行干预，从而使被淘汰人员心平气和地接受结果。

另一方面，借助什么样的方式提拔。

淘汰与提拔是永恒的对立话题。这里说到的提拔，更多是对竞争优胜者的认可与任命。所以，这样的提拔方案要公开、公平、合理、合法。管理者要坚持以人为本，彻底摒弃"关系选人"或者"排队选人"的方式，既要公平，又要让优秀者得到应有的机会。中行的提拔方案是非常科学有效的，通常要求员工有基层工作经验，只有表现优异或者获得年度先进称号的员工，才有资格获得提拔。此外，企业要结合员工的综合管理能力等因素进行全面评估，达到要求的员工，便可以登上更高的舞台。

当然，竞争机制是一种严厉甚至残酷的管理机制，虽然争议比较大，但是在优化部门管理、精减人员、提高执行力等方面有较大的帮助，中层可以根据所在单位部门的实际情况酌情设计并予以运用。

2. 制造危机感

古人云："思所以危则安矣，思所以乱则治矣，思所以亡则存矣。"居安思危者，常常才能享受安身之乐。许多公司有危机意识培训，笔者认为，有危机感的员工，才能够真正意识到自身的缺陷，从而弥补不足，迎头赶上。

有一个镶嵌在河中的岛屿，上面有肥沃的土地，还有几十户村民。虽然这只是个河中岛，但是这个岛屿地势较高，从来没有被洪水侵扰过。有一年，暴发罕见洪水，有一些村民开始惊慌了，他们形成一个组织，打算造船离开这个岛屿。

得知此消息，一个有威望的村民过来劝导："五十年前我就来这座岛了，这些年，我什么没有见过？你们根本不用造船离开，老老实实地等着洪水退去，一切就会恢复正常了。"

"万一这座岛被淹没了呢？"一个年轻人问。

这个有威望的村民拍着胸脯说："绝对不会出问题的，你们相信我好了！"

事实上，担心洪水的村民还有很多，他们虽然表面上保持镇静，但是早已经做好了逃生准备，唯有这个有威望的村民悠闲地坐在床上。

第二天，河水再次暴涨，水位严重超过了警戒线。这座岛的大部分农田，已经被浸泡到洪水里面。那些造好船的村民再也坐不住了，他们带上家里最贵重的物品，推船下河。经过二十分钟的划行，这些村民终于抵达安全地带。那个有威望的村民一觉醒来，发现自己的房间已经倒灌了一尺水，自己早已错过了最佳逃生时机。在他绝望之时，善良的村民专门划船来救他，他才侥幸保住了性命。

这个是现实版的"温水煮青蛙"的故事，当然也阐释了一个道理：只有树立危机意识，才能取得最后的胜利。比尔·盖茨向员工灌输危机感时表示：微软距离破产永远只有 18 个月。如果把 18 个月当作一年半来看，似乎还早着呢，完全可以睡上一觉。但是对于企业而言，18 个月是非常短暂的。因此，中层应该站在企业的高度思考问题，并向自己的下属强调这种危机意识。

以银行为例，笔者认为，当下银行业面临的最大危机，就是转型危机。危机意识的传导方向是自上而下，从封闭到开放的。对于中层管理者而言，要把上层强调的危机意识传导下去，要通过会议、绩效考核、激励机制等，在每一名员工的头脑里，建立起危机意识。笔者还在山东工作的时候，一名老领导就常常用欧阳修的一句话教导笔者："忧劳可以兴国，逸豫可以亡身。"随着这种引导，许多银行职员有了忧患意识。凭借这种意识，这种超前思维，许多员工敢于创新，敢于迎难而上，敢于在危机面前展示自己的风范……因此，他们中有许多人走上了领导岗位，甚至有的人成了行长。所以，中层要向这位老领导学习，不仅自己有危机感，而且要将这种危机感传递给员工。

管理大师帕斯卡尔认为：21 世纪，没有危机感才是最大的危机。因此，在部门中，人为制造危机环境也是非常值得一试的。

3. 引入团队奖励，避免恶性竞争

以前，有些单位和部门只注重个人奖励，而忽略团队奖励。谁工作出色，就奖励谁。个别领导或者员工为了争夺一个奖励名额，常常闹得"头破血流"。笔者记得有两个部门经理因为争夺一辆公司奖励的家庭轿车而吵了起来。

有一支军队的长官叫托马斯。托马斯是一个爱兵如子的军官，甚至有一些年轻士兵直接称呼他为父亲。托马斯的军队在战场上骁勇善战，屡立战功。有一次，上级奖励给托马斯 30 万美元和 100 箱牛肉罐头，奖励发放的权力完全交给了托马斯。托马斯拿到这些东西后，竟然犯了难。

他向参谋征求意见，并说："如果平均分配这些现金，我们每一个士兵只能拿到 20 美元，牛肉罐头也仅仅是一人一听。这样的奖励，恐怕无法满足大家的要求。"

"平均分配奖励，一定是满足不了大家的。除非只奖励个别人，或者个别团。"参谋给出自己的看法。

这个方法虽好，但是对于托马斯而言，每一个部下都值得奖励。为此，他苦思冥想，甚至一度失眠。后来，他在军中视察，无意中听到大家都在议论一个名叫约翰逊的侦察队队长，许多士兵认为这个队长所带领的侦察队是这支军队中最重要的。许多士兵都以进入这个侦察队为荣，认为只有跟着约翰逊队长作战，才能成为真正的英雄。托马斯瞬间产生了一个想法：优先奖励大家最认可的这个侦察队。为此，他派人进行了详细调查，并通过沟通、了解得知，这支队伍确实极为出色。

托马斯的分配方案如下。10 万美元奖励侦察队 150 名部下，采取平均分配的方式下发。10 万美元奖励 650 人的工兵营，因为工兵营的工作，既辛苦，又危险。10 万美元奖励给 50 名大家评选出来的战斗英雄，这些英雄是军队中公认的铁血战士。视兵如子的托马斯甚至自己掏出 3000 美元进行了补贴，奖励给三名带队团长。剩余的牛肉罐头分配给没有得到美元奖励的士兵，而且他对缺弹少粮的队伍进行了补给。托马斯的这种以团队为主、个人为辅的奖励方式得到了士兵们的鲜花与掌声。

当下，部门与部门、人与人之间的工作关系，是一种相互协调、相互配合的关系。企业就像一块手表的机芯，每一个人都是一个不起眼但又不可缺失的部件。企业的运转不依赖一个人的能力，而是依赖集体的能力。因此，管理者需要像托马斯那样，奖励个人的同时，重点奖励团队。这种奖励方式，不仅是对个体工作的认可，更是对整个系统工作的认可。这样奖励有两大好处：第一个好处是可以防止你争我抢式的恶性竞争；第二个好处是可以让员工产生一种集体荣誉感，培养一种团队意识。畅销书作者卡曾巴赫在《团队的智慧》中指出：团队就是一群拥有互补技能的人，他们为了一个共同的目标而努力，达成目的，并固守相互间的责任。奖励团队，就是管理者认可并尊重团队中的每个人。

人是一种社会性动物，在社会中，人离不开他人的支持与帮助。一个企业，离开一个人，可能不影响运转；但如果离开了一个重要部门或者团队，就会出现严重问题。因此，中层要在日常管理和考核中，引入团队奖励，从而打造高效团队。

4. 为员工打造竞争平台

人们常常会提到管理者的使命，那么管理者的使命有哪些呢？笔者认为，管理者的使命就是要坚持打造五个平台，具体包括企业发展平台、员工绩效激励平台、企业文化平台、产品展示平台、竞争平台。在这五个平台中，与员工切身利益相关的主要有两个：员工绩效激励平台和竞争平台。企业的核心不是产品，而是员工。员工的综合素质出众，竞争能力强，企业也就有了顽强的生命力。

有一家外企管理公司，它的主要业务就是发展企业客户，提供企业管理服务。其区域负责人姓刘，曾经在世界五百强企业担任过高管，在团队建设、提升员工执行力等方面，有着丰富的管理经验。初来乍到的他，做的第一件事是组织全体员工进行一次模拟考试。刘某说："模拟试卷里的题目与公司提供的服务息息相关，大多数是基础性题目。只要是用心工作的老员工，都能轻而易举地考高分。"

考试成绩令刘某大跌眼镜，参加模拟考的员工，及格率仅有44%。他马上意识到问题的严重性，于是组织员工进行培训。他从北京请来管理专家，对全体员工进行了一次为期两个月的系统培训。通过培训，员工的整体素质有了较大提升。在这样的基础上，刘某又进行了第二次模拟考，这一次的及格率就超过了90%，刘某松了一口气。

除此之外，刘某将业绩考核和激励机制纳入工作测评范畴，按照分数高低进行排序。分数最高者，不但能够拿到年底5万元的奖金，而且能够直接得到晋升；分数不合格者，不仅拿不到年终奖，甚至会被调整出队伍。这个管理方法刚刚宣布，就在员工群里产生了巨大影响力。为了5万元年终大奖，员工们纷纷行动起来。有的利用业余时间，报考学习班；有的买书自学；还有的参加各种经验交流会。一石激起千层浪，刘某凭借独特的平台管理方法，让所在区域的业绩高速飙升，不到三年时间，企业便跻身业界前列。

首先，竞争平台是一个广阔的平台，或者说，它更像一个培训平台，里面包括很多常见元素和工具。常见的元素有技能培训、企业文化培养、兴趣班、交流会等；常见的工具有七问分析法等。借助这些元素和工具，员工可以得到快速成长，继而提高自身竞争力。

其次，竞争平台是一个榜样展示的平台。中行每年都有先进人物评选活动，将这些先进人物树立成榜样，员工们可以将这样的人视为镜子，与他们进行对比，寻找差距。许多员工都是靠这种方法，一点一点缩短与先进人物的差距，后来也成为先进人物。因此，管理者要挖掘企业内的好人好事、先进事例，借助多媒体进行传播，让每一名员工都能够听到、看到、学到。另外，管理者要对先进人物及时给予表彰，要让典型亮起来，并且得到真真切切的实惠。

最后，竞争平台是一个经验交流平台。名为竞争，其实是让员工相互学习，全面提升员工的素质。以前，某地中行有一个经验交流会，这个交流会在周六的下午3点到5点进行。行长出席经验交流会，只是充当组织者的角色，并不直接参与讨论。员工们在这样的场合，彼此交流工作心得，或者提供议题进行全方位讨论。这样的交流会完全是公开的、民主的，员工如果有好的建议或想法，行长可以当场进行拍板，这也充分调动了广大员工的参与性和积极性，最终实现交流进步。

松下幸之助认为：良好的竞争心理，正当的竞争精神，就是使事业成功与督促个人向上的动力。管理者打造竞争平台，恰恰与松下幸之助的管理思想不谋而合。在企业内部人为制造竞争环境是真实可行的，管理者不仅可以大胆尝试，还可以求新、求变，从而打造出更有特色的竞争平台。

5. 及时落实奖励，让追求变为现实

社会需要诚信，管理者同样需要诚信。笔者发现个别中层总是向下属

打包票："只要你们能够完成任务，我就给你们奖励。"但这个承诺永远是空头支票，从未兑现过。这种玩弄员工的把戏实在令员工们讨厌，长此以往，还有谁支持他的工作呢？还有的中层，到了兑现承诺的时候，总是今天推明天，明天推后天，不把落实奖励的事情当回事，总认为：早一天晚一天无妨。事实果然如此吗？笔者认为：落实奖励不仅仅是兑现诺言，同样是非常紧急的管理工作内容。员工把工作做好了，他们最想得到的，是第一时间在现场的表扬和鼓励。就像一个孩子，完美答对老师的问题，老师会及时送上表扬："某某，你的回答很好！"及时奖励员工，既能彰显管理者果断、干练的工作作风，又能激励员工，为何不这样做呢？

有一家食用油加工销售公司的销售总监姓李。这家公司规模并不大，甚至在当地也算不上太有名气。为了提升产品的市场占有率，李某制订了一套奖励方案。他解释道："其实，同行业许多公司都有奖励手段，只不过在细节方面有一些不同。我认为，落实奖励，并不只是简简单单将奖金发到员工手里，更要体现出一种人文关怀。"

所谓人文关怀，指的是肯定人的价值，主要是满足人的心理情感需求，提高人的职位、收入，给人荣誉等。如果能把奖励当作一种人文关怀，管理者的管理境界就明显提升了。回到故事中，看看李某是怎么做的吧。

这位销售总监为了能够创造销售奇迹，经常与员工一起吃饭、聊天，沟通工作，交流经验。员工们给他起了个外号——"保姆"。这侧面反映出，李某对待员工像对待自己的孩子一样。他对员工进行奖励是非常"自由"的，在条件允许的范围内，甚至有即兴奖励。一个员工回忆："有一次，我们有个团队，在片区做活动，销售成绩不错。当天晚上，李总监就从外地坐飞机赶了回来，与大家一起庆功，还给员工们发红包。红包虽小，但是我们心里都非常温暖。"

　　李某从来都是第一时间落实奖励，不管是精神上的，还是物质上的。他总是真心送上自己的祝福。员工们都愿意跟着他干，哪怕有些片区工作环境差一点，员工们也能克服，并取得很好的成绩。凭借这种人文关怀式的奖励，李某所在的公司，两年内，销售量提高了五倍，成了当地一个非常有实力的食用油加工销售公司。

　　笔者记得某银行有一位老行长把奖励制度当作管理灵魂。他说："员工凭什么一直跟着你工作？难道他们就没有怨言吗？如果奖励走不到前面，或者不能兑现，我认为，员工一定会认为上级太吝啬，是个不讲信用的家伙。"对于一个中层来讲，嘉奖下属是自己的本分，同样要向上司交代："老板，您看，我把员工都安抚好了，该奖励的都奖励到位了，该处罚的也都处罚好了。员工都很有干劲，后面一定会出成绩。"听到这样的话，想必老板也就放心了。

　　奖励是一种满足员工需求的重要方式。管理者要诚实守信，更要将奖励及时落实。员工得到了公司的肯定，以及上司的全方位嘉奖，哪里还有做事不用心的理由呢？

Part 6

好中层要带好队伍

第十六章

善解人意，做好心理医生

1. 分析每一名下属的性格特点

对于管理者而言，最重要的一项任务，就是管理好员工。如果管不好，执行力就无法得到保障。古代中医，讲究望闻问切，对症下药。只有切准了病人脉象，观透其病象，通过沟通了解其过往经历，才能找到病根。"为职择人则治，为人择职则乱。"想要带好队伍，管理者首先要了解分析每一名下属的性格特点，这样才能知人善任、人尽其才。

古时候有一个抚台，他刚刚上任，便遇到了棘手的问题。一是灾情，连续三年大旱，当地粮食几乎绝产，颗粒无收，朝廷的赈灾粮有限，无法惠及全部灾区。有许多人选择南下、逃荒。二是官员腐败。一个地区，大大小小的官员很多，他们不顾百姓死活，灾难当头依旧大兴吃喝风。为了解决这两个问题，他首先从这些官员下手。

这个抚台并未采用"斩立决"的方式进行整治，而是有策略地与这些官员沟通，侧面观察他们，了解他们。如果能找到他们的弱点，尽量说服教育。他认为：这些人都是地方上的"老人"了，对当地的风土民情极为了解，如果能改变他们的作风，比督办、查办、更换新官员效果还要好。

有一次，他来到一个官员家里。官员得知他是新上任的抚台，便想安排他去当地上好的酒楼。抚台说明来意后，这个官员让管家简单做了几个菜。通过一番了解，这个官员向抚台敞开了心扉："其实我也不想铺张浪费，但像我这样的小官员，只能跟风，不能得罪人。"抚台笑着说："你不要跟风，要做一名官员应该做的，你如果继续跟风，就不怕得罪我吗？"听完这话，这个官员颇为尴尬，他谨记抚台的教训，并向抚台发誓做个好官。经过一个多月的沟通与了解，这个抚台与几十名大小官员有了接触。几乎所有的人都支持他，保证改掉缺点，谨慎做官。

处理好官员后，抚台开始赈灾。皇帝见他管理有方、赈灾有功，而且是两袖清风、爱国爱民的好官员，便提拔他为两江总督。此人死后，无分文遗产，只留下一套官服。

每一个人都有独特的人格，世界上没有两片完全一样的树叶，也没有两个完全一样的人。管理者要对这些"树叶"进行简单分类，然后详细了解其共性与区别。现实中，有的员工性格外向，也比较活泼，善于跟人打交道，对于这样的员工，中层完全可以让他从事外联、营销等方面的工作；有的员工性格内向，不善于跟他人打交道，但是做事更加细腻，工作肯负责任，抗压能力也比较强，中层就可以让他们从事内部管理、后勤管理等方面的工作；有的员工，比较随和、善良，有一定的亲和力，他们非常适合团队的组织或者沟通工作；有的员工创造能力强，富有想象力，中层就可以将其安排在与设计相关的部门。

当然，员工的特点并不仅限于此，还需要管理者通过大量的实际工作去详细了解，与之沟通。只有这样，才能把员工管理好，把普通团队打造成精英团队。

2. 公平合理分配工作

俗话说："物尽其用，人尽其才。"每一人都有自己的特长。盲人听力出众，聋人嗅觉发达。一个部门，少些几人，多则上百人，管理者如同管理着一支由特长各异的人员组成的队伍，这是一种荣幸，更值得自豪。有位中行老行长用一种幽默的语言说："我的队伍里，不是英雄，就是超人，不是专家，就是能手……就我一个资历最深、学历最低、资质最平庸的老头，如果没有你们，恐怕我早就落伍了。"事实上，这位老行长管理能力出众，总能将工作安排得妥当、恰到好处，所有的员工都很佩服他。

安排工作，也就是将部门内的任务分配下去，做到人人有工作，个个负责任。安排工作需要管理艺术，有些中层就倒在安排工作上面。某公司中层主要负责物流运输工作。工作团队由三部分人员组成：调度员、车辆司机、现场管理员。除了车辆司机是合同聘任的，调度员与现场管理员都属于"固定工"。有一年，公司调来6名新员工，按理说，这个中层应该参考一下上司的意见看法，结合一下员工特点，再进行分配。结果，他直接留下一名年轻人做调度员，让剩余5个人全部去做现场管理员。现场管理员的工作"又累又脏"，出力不讨好，大家议论纷纷。后来，这事弄得沸沸扬扬，甚至惊动了老板。老板找这个中层谈话，"要科学、公平合理地安排职工，随意安排会让所有人都有意见的。"安排工作不是一件小事，有的管理者会"轻敌"，不重视它，简单粗暴地进行分配。

在这里，笔者强调两个词：第一个词是"合适的人"，第二个词是"合适的岗位"。只有让合适的人，出现在合适的岗位上，这样的安排才是科学合理有效的。什么是合适的人呢？许多企业部门都有人事档案，人事档案就是一个宝，里面详细记载着员工的年龄、性别、学历、工作经历、特长、自我评价等，通过人事档案就能够大概分析出一名员工的类型。比如，有的员工擅长电脑，有的员工擅长交际、沟通。这些特长就是员工身上的标签，分配工作时就应该参照这些标签。什么是合适的岗位呢？笔者认为，如果从管理角度看，所有的岗位都是一样的，只不过分工不同而已。合适的岗位，就是符合员工标签的岗位，如果标签不符，如同给一个平时穿36码鞋的人一双39码的鞋，不但穿着不舒服，而且容易"摔跟头"。把合适的人放在合适的岗位上，就是管理专家提到的"人岗相适"。

管理者想要做好这一点，也不容易。对于那些判断能力弱一些的管理者而言，要提供试岗机会，让员工们进行定期试岗，借助绩效考核，评估员工的适应能力。另外，管理者要做到以岗育人。笔者认为试岗与以岗育人有着千丝万缕的联系。让员工多试岗、转岗，不但不是坏事，而且锻炼了员工的适应能力，对提升综合工作能力有帮助。事实上，许多优秀的管理人才都是通过试岗、转岗历练出来的。员工的能力得到了提升，如果可以胜任更复杂的工作，管理者要果断为其换岗，给他提供一个更好的发展平台，这不仅是对他的激励，更是一种合理的人员分配模式。

智者取其谋，愚者取其力，勇者取其威，怯者取其慎。公平合理分配工作是科学的，更需要一种用人智慧。

3. 善解人意，让员工卸下思想包袱

有人说："心理状态直接影响员工的工作状态，员工心态越差，执行力也就越差。"现在，许多员工感到工作压力很大，那这些工作压力又是从何而来呢？

笔者认为，员工的工作压力有五个主要源头。第一，工作要求高。有

一些岗位，尤其是一些核心岗位，对员工工作要求较高，因此也带来更大的压力。第二，家庭与工作关系失衡。许多管理者发现，员工压力有的是收入与家庭支出不成比例而形成的，有的则是家庭、岗位存在不可调和的矛盾而形成的。第三，知识结构老化。有一些企业并不重视员工培训，在企业转型期，给员工强加一些超过能力范围的工作，这使得一些知识结构老化的员工无法适应新工作，深感压力。第四，沟通不到位。这里说的沟通是一种全方位的沟通。沟通不到位中有与其他员工横向沟通的障碍，也有与领导纵向沟通的障碍。因为存在沟通不到位的问题，员工在执行中，常常遇到困难，因此产生压力。第五，管理组织混乱。有一些公司经营不善，公司部分管理者常常通过纪律、岗位变动等方式对员工施加影响，如果员工薪水方面也得不到满足，问题就会比较严重。另外，管理者没有给员工打造工作愿景，员工缺乏长期目标指引，也会产生压力。有人说："有压力才会有动力。"如果这种压力迟迟得不到排解，就会形成"血栓"，给员工心理健康带来极大的隐患。一名优秀的管理者不但要精通管理理论，更要善解人意，为员工排忧解难。只有给员工卸下思想包袱，才能让他们重新回到战场，继续战斗。

有一支救援队来到地震灾区进行救援。这支救援队的队长老何是一名退役军人，曾经执行过无数次危险任务。他带领的这支救援队中，大多数是"80后"年轻人，他们并未经历过如此重大的考验。大地震虽过，但余震还是让救援队的成员背负上巨大的心理压力，一个救援队队员说："其实我们也很害怕，发生二次坍塌的概率是非常高的。"为了完成救援任务，老何首先从思想工作做起，他进入一个心理导师的角色模式。

他先是观察，发现个别队员面露惧色，紧张和压力不仅会影响救援工作的进度，而且可能导致操作失败，造成重大事故。他从这些队员开始，逐个进行思想沟通。在沟通中，他并没有用那些"常规口号"为队员打气，而是用情感和道理让队员正确认识地震，帮队员牢牢掌握地震救援安全自我保护的操作方式。那些害怕地震的队员一扫内心的阴霾，从而全身心投入地震救援中。

老何带领的这支救援队，在灾区奋战了一个星期，成功救出许多灾民，作出了巨大贡献。

笔者认为，疏导员工的思想压力是管理工作的重点，许多企业通过人文关怀和"思想疏导机制"等方式缓解员工的思想压力，与此同时，中层可以向员工心中注入企业文化，提高员工的自信心，继而影响员工决策与执行能力的拓展和工作进程。

4. 提高凝聚力，充分给予员工信任

信任是人与人之间最宝贵的东西，如果没有信任，也就没有亲情、友情、爱情。信任是管理者必备的，与管理、组织协调、沟通等能力同等重要。正所谓："人背信则名不达。"这里的信有两层含义，一个是信任，另一个是诚信。信任与诚信虽一字之差，但都需要高尚的人格做基础。俗话说："信任员工，老板不累。"笔者认为，通过授信方式去管理，不仅科学有效，而且能大大提升员工的工作主动性，为企业创造更多的价值。老板需要信任，客户需要信任，员工需要信任……就像美国学者弗兰西斯所说：你可以买到一个人的时间，你可以雇一个人到固定的工作岗位，你可以买到按时或按日计算的技术操作，但你买不到热情，你买不到创造性，你买不到全身心投入，你不得不设法争取这些。

中行某支行的中层领导小赵特别注重营销团队的打造，他倡导"人

人开口、个个营销"。在一季度中，他紧紧围绕"赢在大堂"服务营销主题，以大堂营销、柜面营销为突破口，取得了优异的营销业绩。

营业部拥有多位入行年限不高甚至刚入职的同事，小赵迅速认识到这批同事拥有足够的工作热情，却缺乏必要的工作技巧，好比拥有优良性能却没有开刃的刀。于是，他在工作之余找他们聊天，以自己的工作经历、亲身感受，教他们必要的工作技巧特别是营销技巧，并对几种具体的柜台营销产品进行讲解，让他们对中行产品有了更深刻的认识。小赵的努力，就像把没有开刃的刀磨得锋利，激发了员工的营销热情，小赵又以这些员工的热情来带动其他员工的热情，使整个营业部形成了良好的柜台营销氛围。终于在一季度中，利用"旺季开门红"，各位员工都以高昂的热情投入工作，超额完成了上级下达的各项指标。

与此同时，小赵以及他的团队通过柜台营销，积少成多，通过不断在柜台对理财产品进行宣传，扩大理财产品的购买群体，使理财产品认购量不断增加，带动中行存款提升。小赵得到了个人荣誉奖励，员工更是鼎力支持他，认为他才是优秀中层的代表。

如今，许多管理者并不信任员工，甚至有个别中层认为：员工之所以是员工，是因为经验不够丰富，处理问题不够老到，工作中还会犯错，需要管理与指导，如果自己太信任他们，完全进行了"授权"，一旦出错，有可能酿成无法挽救的后果。对于领导的不信任，员工也有自己的看法。笔者曾经在某企业内部听到基层员工说："既然不信任我们，为什么不把我们开除了呢？事实上，执行任务的是我们，他们总是指手画脚，既不聪明，也不礼貌。"员工得不到信任，会怀疑自己的能力，因此会在工作上"患得患失"，失去热情与勇气。当然，更多的管理者是理智的、聪明的。中行一位老行长说："连自己的部下都不相信的领导，岂不要大包大揽，累坏自己？优秀的管理者并不一定要有非常丰富的管理知识，而是要学会沟通，懂得信任。"银行是一个授信机构，没有信任和诚信，银行就要关门大吉。许多企业都采用以人为本的管理方式，什么是以人为本呢？说白了，就是相信员工、尊重员工、借助员工自身能力，去实现企业的发展。员工得不到信任，就会不知所措，甚至会发牢骚、自暴自弃。中层得不到老板的信任，也是一件非常痛苦的事情。某企业的一位中层，因为老板授信问题，常常哀叹："空有一身抱负，却'报国无门'。"所以，中层管理者要将信任纳入管理范畴，将信任当成一种管理工具去对待。

信任是管理的核心。事实上，优秀的管理者，管理的不是工作，而是人心。只有尊重员工，充分信任员工，给员工以鼓励，才能取得管理成效，为企业创造利益。

5. 以身作则，不做事后诸葛亮

世界上没有先知，也很少有料事如神的诸葛亮。对于大多数人来讲，身在职场，只有通过积极的工作态度、开拓进取的精神，才能谋得一席之地。员工尚且如此，管理者更是如此。笔者发现，一些管理者不但没有未卜先知的能力，反倒常常扮演事后诸葛亮这一角色，着实令人反感。

美国幽默作家盖瑞森·凯勒在一个名为 *News from Lake Wobegon* 的节目单元中说那里女人都很强、男人都长得不错、小孩都在平均水平之上，实际情况却并非如此。人们把这种行为定义为"乌比冈湖效应"，意思是说：自己把自己想得太优秀，总是认为自己比别人聪明一大截。这实际上是一种自大的表现。笔者有一个朋友，他在某企业做中层，有一次，他负责的部门出了大事，他非常不满意出错员工的做法，甚至想把他开除。他打电话向笔者诉苦："其实我一早就看出了这个苗头，还不如自己亲手去做。"笔者一听就笑了，这完全是自相矛盾啊，笔者说："你既然看出了错误，为何不及时制止呢？我想，你那会儿也没完全看明白吧。"笔者的话让这位朋友无言以对。做事后诸葛亮是一件非常令人反感的事情，不但不利于善后管理工作，而且给人留下一种推卸责任的印象。如果自己不是诸葛亮，还是要以身作则，出了问题就应承担起相应责任。

中层是面镜，员工是杆秤；没有做不好的事，只有做不好事的人。老胡作为南方中行某支行的中流砥柱、银行卡条线的"领头羊"，以身作则，率先垂范，凡是要求大家做到的，自己首先做到、做好；凡是要求大家不做的，自己坚决不做，用自己的行为带动同事。在多年的管理岗位上，老胡养成了一个习惯，每天运用系统，掌握业务数据，及时了解各项业务工作进度；岁末年初，提早做项目储备，将指标进行层层分解，细化进程管理；做到工作早布置、早落实，引领网点早行动、早出成效；每天通过电子邮件、微信通报各网点业绩并进行工作点评，表扬先进，鞭策后进，使各项工作有的放矢、有条不紊，老胡心里总是想着怎样去完成任务，怎样引领同事共同进步。

除此之外，老胡工作上尽心尽责，经常加班加点；带领全行员工积极拓展银行卡条线业务，出色完成上级行下达的主要任务，信用卡新增有效客户数及收单商户指标在片区始终处于"领头雁"的地位。老胡几年来的表现是有目共睹的，从银行里的领导到身边的下属再到客户都认为她是一个热心、有亲和力、办事认真从容的人，但她并没有因此而骄傲，相信她在以后的工作中会再接再厉，不断取得更大的进步。

中层与其做事后诸葛亮，倒不如常常反问一下自己："能不能少犯一些错误？"另外，管理者不是"只管不做"，要"做在前，管在后"，这样才能肩负起重任，管理好团队。

第十七章

高效用人，打造核心团队

1. 阳光管理，留笑脸不留黑脸

有人给某领导画过一张肖像，画上这个领导表情严肃，形象威严，衣着保守但是整齐，甚至有一种怒目而视的感觉，给人一种距离感。过去人们对严师的认知是，不苟言笑，总是用一种教训人的口吻说话，所有的学生都怕他。虽然管理者与员工有职位上的区别，但管理者过于严肃也会给人们留下一种不好的印象。笔者认识一个企业家，他说："中层不要总是一副黑脸，给人一种别人亏欠你的感觉，事实上，中层是真正服务员工的人。"在这个企业家的管理下，企业各部门都采用阳光管理政策，管理者始终挂着笑容，如果员工与管理者坐在一起，外人可能分不出谁是领导、谁是员工。他们完全打成了一片，只是在一个团队中，拥有不同的角色而已。正因如此，这个企业经营得非常好，从上到下非常和谐。

心态与管理呈现出一个怎样的关系呢？有一个心理学家在某公司做过一个实验，让管理者用两种态度分别向两组员工交代任务并进行后续管理，然后观察这两组员工的执行状况。第一种是严厉的、命令式的态度，第二种是温和的、协商式的态度。经过一周测试，心理学家得出一个结论：第一组起初执行状态非常好，在执行过程中遇到问题后，成员有了心理变化，最终只完成任务目标的87%；第二组成员一直处于较为稳定的执行状态，遇到问题后，通过积极沟通协调，顺利解决了问题，最终完成任务目标的112%，超额完成任务。根据结果判断，温和的、协商式的管理方法效果明显好于严厉的、命令式的管理方法。笔者认为，主要原因大概有这么两点。

第一，管理方法决定员工压力。

严厉的、命令式的管理方法，会给人一种压力，人长期处于压力状态，生理心理都会产生变化。这种情况下，员工的工作效率会下降，甚至形成恶性循环。如果采用一种温和的、协商式的管理方法，情况就完全不同了。员工带着好心情去工作，自然就不会受到压力困扰，工作效率会大大提高。

第二，管理方法决定员工执行力。

如果家长常常采用严厉的批评式教育，其子女会呈现出两种形态。第一种，叛逆、不听话。有一名员工曾经告诉笔者：最讨厌"耍官威"的领导，面对这种领导，会破罐破摔，消极对待工作。第二种，胆怯、不敢承担责任。在严厉的、命令式的管理方法下，许多员工放不开手脚，担心犯错而受到惩罚。他们只不过是慑于领导的"官威"，被动进行工作而已。因此，他们不敢施展拳脚，保守甚至得过且过，敷衍了事。但是在阳光管理下，员工们则完全相反，他们如同植物沐浴了阳光，会健康快乐成长，工作也就会积极主动起来，执行力更强。

美国诗人布雷兹特里特说："阳光所照之处，便是我安身立命之地。"一名优秀的中层管理者，要会管理，对待员工要温和一点、宽容一点、阳光一点，给员工制造一个宽松的、自由的工作环境。让体力工作者富有生产力是之前要解决的管理课题，让知识工作者具有生产力，则是现在管理者要思考的问题。不管员工是主要进行脑力劳动，还是体力劳动，中层都要同等对待，用微笑代替黑脸，用激励代替惩罚，用信赖代替监督，最大限度满足员工的需求。只有这样，管理者才能提高管理绩效，让老板高兴，让自己舒心。

2. 让员工参与计划制订

有一个桥梁建筑公司，负责技术攻关的总工程师是老王。有一次，这家公司接到一个任务——在某河段兴建一座跨度很大的斜拉桥，工程难度很大，极具挑战性。为了实现技术攻关，老王几乎天天扑在工作岗位上，与现场员工同吃同住，同甘共苦。

这个项目非常重要，对于老王而言，这个挑战也是前所未有的，他说："这是一个挑战，我自己一个人是无法独立完成的，需要所有骨干成员共同参与进来。一座桥梁凝结着所有参与人员的心血，让他们参与计划制订是非常有必要的。"于是，老王开了一个计划制订会议，把所有技术骨干召集在一起。会议上，大家通过分组讨论法和头脑风暴法进行分析、推演，每个人都按照自己的想法进行了发言，现场非常热闹。后来，大家共同制订出一个工作计划和阶段性的建设方案。

根据这一方案，员工以饱满的工作热情投入桥梁建设中。因为是自己想出的计划和方案，大家都不约而同地相互协助，比原计划提前65天完成桥梁主体的建设工作，创造了一个不小的奇迹。老王的这种无为而治、共同管理的方式得到了业内认可，许多桥梁施工单位都进行了推广。

这样的计划制订方式并非这几年才出现的，很早就有。第二次世界大战结束后，日本某个著名企业曾让员工当一天的总经理，让他们感受并体验管理者的管理方式和企业的战略高度。这些员工在"轮流执政"过程中，不仅学会了企业文化，而且总能够站在企业的角度上去做事，真真正正为企业当家做主。有管理者问："让员工参与，不就是将指挥棒交出去吗？如此一来，管理者失去了权力，还能指挥战斗吗？"在这里，笔者需要解释一下。让员工参与，并非让员工管理指挥，这完全是两个意思。让员工参与是一种体现民主精神的管理方式，并不能代替传统管理。笔者认为：参与权是每一名员工被法律赋予的，管理者无权剥夺；参与权仅仅是参与或者分享，是员工实现自我价值的一种方式。中行的产品营销方案，通常是行长牵头，销售经理参与制订的，不仅能够体现民主，而且共同制订出的销售方案更符合实际状况，员工对这样的任务目标是胸中有数的，因此在执行过程中，就不会忐忑不安。除此之外，让员工参与计划制订，还可以提高员工的忠诚度和归属感，没有充分的知情权、参与权和经历权，员工怎么能够"爱企如家"，主动去做"主人翁"？

让员工参与计划制订，还能体现管理者对员工的信任。有一个著名的公关公司，其事业部负责人常常用质量圈让员工参与管理。什么是质量圈呢？这个概念是日本管理学家石川馨在20世纪50年代提出来的，其目的在于，让员工共同参与，平等自愿地解决与质量相关的问题。当然，质量圈并非只是研讨产品质量，它是一种员工参与管理的方式。另外，通过这种方式，大家共同制订计划，管理者可以分配任务，员工也能明确自己的目标和责任。管理者在团队中充当组织者和牵头人。笔者认为，让员工参与某项管理，也是发挥员工特长、鼓励他们挖掘潜力的重要方法。

让员工参与计划制订，能够让员工体会"主人翁"精神。这种管理方式还能够充分保证员工的工作独立性，是尊重员工的表现。因此，中层管理者要学会分享，适度放权，只有这样，才能与员工建立信任关系，提高执行力。

3. 注重细节与过程：莫唯结果论英雄

有人认为，以成败论英雄是合乎情理的，真正的英雄似乎也很在意结果。

现代管理学中，也强调以结果为导向的管理方法，就是让管理者重视结果，用成绩衡量员工优秀与否。有一个管理者非常重视结果，是一个唯结果论的人。有员工反映，在执行某个任务过程中总是出现问题，出来的结果与预期相比，有较大的差距，建议进行调整。但是这个管理者并未听取员工的建议，而是再次强调："不要跟我提困难，我只要结果。"结果出来了，管理者大失所望，后来将这名员工辞退了。管理者的草率决定，让整个公司人心惶惶。没有完成任务，并不代表这名员工不优秀。记得中行有位老领导说："不管结局如何，有勇气上前线的，就都是英雄。"重视结果、以结果为导向是没有问题的，但是唯结果论、只以结果论英雄，就有点过于绝对了。什么是英雄呢？见义勇为是英雄，赴汤蹈火是英雄，惩恶扬善是英雄，弘扬正气同样是英雄。笔者非常认可中行那位老领导的话，中层管理者在重视结果的同时，更要注重细节与过程。细节到位了，过程理顺了，结果自然就不会太差。如果结果确实达不到预期，也不要为此惩罚下属，只要大家尽力了，就是英雄，就值得鼓励。

某公司因为资金问题面临破产。为了解决资金难题，公司成立清欠办，目标是回收 2 亿元外债。公司老板下达命令："只要把这 2 亿元外债要回来，我们公司不但能活下去，而且能活得更好。大家一定要齐心协力，排除万难，打赢这场清欠仗。"

　　清欠办的主任老刘原来是公司办公室主任，是一名中层。为了落实清欠工作，他给6名下属划了区域，制订了清欠计划。老刘并未给员工下达具体的任务指标，这是为什么呢？老刘说："大家有一个总体指标，就是2亿元。但是这些债很多都是三角债，债转债，如果分配具体任务，恐怕也难以全部完成，这对每一名员工而言，都是不公平的。清欠工作本来就是老大难，管理者要给自己的员工松绑，只有这样，才能发挥他们的能动性，打赢这一仗。"

　　老刘是个非常重视细节与过程的管理者。他每周将员工汇报的情况进行总结，然后通过研讨会分析每一个欠债户的实际状况，并制定相应的清欠策略。能够回款的就回款，回不了款的可以以物抵款，如果款和物都没有（呆死账）就走法律程序。为了确保程序实施，老刘每天跟着下属一起跑清欠，与员工同甘共苦。员工也非常知足和感恩，他们评价老刘："他是个好人，跟着他工作，我们就有了信心。"

　　经过三个月的奋战，清欠收回欠款1.6亿元。1.6亿元的回款大大缓解了公司资金压力。剩余的4000万元欠款，也有了眉目。按照老刘的话说：不出意外，半年内可以全部清收。老刘不但出色地完成了公司交代的任务，而且打造了一支战斗力强、凝聚力强的队伍，为企业留下了一笔宝贵财富。

林则徐说："苟利国家生死以，岂因祸福避趋之。"员工只要以企业利益为重，努力奋斗在自己的岗位上，就是英雄。肯定他们，信任他们，强调细节与过程，莫唯成败论英雄，才是一名优秀管理者的境界。

4. 融入集体，与员工价值互增

　　近几年，老沈带领某分行个金板块完成了一年一台阶的目标，圆满完成市行省行下达的各项主要业务指标。分行本外币存款业务实现了量与质的发展，客户群规模和金融资产得到提升，营业收入和非利息收入得到长足进步。

老沈用树立标杆、营造氛围推进网点之间的竞争，组织网点学习精细化管理流程、学习厅堂营销话术、学习走农村进农户的宣传方法、学习代发金融知识宣传形式。同时他高度重视基层员工的经营智慧，多次通过召开基层员工座谈会、开辟论坛、微信群讨论和有奖征集金点子，让网点员工畅所欲言，提出有关营销的金点子，分享营销过程中的经验，为网点业务发展出谋划策。这样不拘一格的交流沟通方式不仅拉近了管理者与员工的距离，而且在许多建议被采纳并取得成效的同时，帮助银行发现了一批年轻的人才。

作为一名管理者，老沈深深懂得条线日常管理的重要性，秉承以人为本、注重板块的管理理念，时刻关注板块的业绩与行长、客户经理两支队伍的精细化管理，引导支行行长抓好指标体系的进程落地与"日均化"常态推进，督促个金部每周有通报、每月有考核，全力抓好流程推进；他还要求板块管理者坚持每周下基层走访网点慰问一线员工，帮助网点解决实际困难；设定清晰有效的考核办法，极大地调动了网点员工的积极性，营造网点之间的竞争氛围，激发网点员工的营销潜能，让员工在行为意识上实现了从"要我做"到"我要做"的转变。

老沈的团队中人人信念坚定、勤勉踏实。正是老沈这样的中层，与他的团队创造了无数奇迹，深受领导好评。

古人讲五伦，所谓五伦，是君臣、父子、夫妇、兄弟、朋友。在职场中，管理者与员工之间的"伦理"，可以是君臣、兄弟和朋友。因此，一个管理者想要带好队伍，要念及"伦理"，成为员工的好领导、好兄弟、好朋友，这样才能把队伍带好。笔者在工作期间，有一个老领导就非常重视这样的关系。他说："家庭之所以稳定，就是因为夫妻之间、父母子女之间，有着融洽的关系。银行想要稳定，领导和员工也要如夫妻或父母子女那样和谐相处。"现实中，这位老领导平易近人，善于以理服人，能够温和管理、教导自己的下属。许多员工跟着他学到了管理经验，有一些员工慢慢走上了领导岗位，靠的就是"和谐相处、价值互增"的理念。个别领导，总是摆出一副高高在上的样子。笔者记得某公司有一个中层，总是让员工为自己端茶倒水、打扫卫生，甚至还在办公室安排了卫生计划表，后来，连公司老板都看不下去了，对他进行一番批评："做领导不是为了享受，公司选你是让你发挥特长，带好队伍。"中层如果存在这样的问题，一定要想办法改正，否则后患无穷。

另外，中层管理者要在团队中多观察、多指导。有一个中层领导，他的两个下属因为一点小事，产生了矛盾。这位中层领导并没有插手，而是选择放任不管，让两个员工自己解决。后来，这两个员工矛盾升级，甚至在办公室大吵一架，影响十分不好。老板将两名员工辞退，也对这名中层进行了批评教育。管理者是家长，作为一名家长，就要让家庭成员和睦相处，如果他们发生争执，要及时进行调解、疏导。另外，管理者要把爱传达给每一名员工，要让他们在团队中彼此友爱、相互协助、取长补短，只有这样，才能发挥团队的威力。有时候，管理者还是一名"心理辅导老师"，要常常与员工进行沟通、辅导，保证员工心理健康。员工阳光了，团队就会充满朝气，管理者就能够与员工价值互增。

管理学家罗宾斯说："团队就是两个或两个以上的，相互作用、相互依赖的个体，为了特定目标而按照一定规则结合在一起的组织。"员工是个体，管理者也是个体，只有充分融合成一个团队，才能发挥能量，展现价值。

5. 团结员工，打造共同利益生态圈

领导与员工，其实是一个利益共同体，一荣俱荣，一损俱损。聪明的管理者，通常胜任三个角色。第一个角色是中间人，这里说的中间人，既要传达高层的命令，又要布置员工的任务，能承上启下、完美衔接。第二个角色是安全员，安全员能够排除管理中的隐患，比如员工之间、员工与领导之间的矛盾等。第三个角色是培训师，所谓培训师，就是在知识、技能、管理等方面给予员工足够的支持，帮助他们更好胜任工作，解决工作中的难题。这三个角色是相互交错的，没有谁先谁后。领导这样做的目的在于，与员工一起打造一个共同利益生态圈。

中行某支行副行长姓高，员工都叫他老高。员工心目中的老高，有三个"高"。

第一个高，是管理水平高，有这么几个表现。第一，老高凡事讲原则，一切都以事实为依据，不盲目决断。正因如此，老高在管理中，很少出错，也很少冤枉他人。第二，他凡事讲公平，认为如果不公平，天平就会失衡。第三，他抓绩效，讲流程。能够将流程和绩效结合在一起管理的，绝对是一等一的高人。第四，他善用激励手段。凡是跟着他的员工，或多或少都获得过鼓励，至少在奖金方面，老高从来不拖欠，兑现奖励一向很及时。

第二个高，是思想觉悟高，有两个表现。第一，老高能够充分领悟企业的管理精髓，并且将其通过科学合理的方式教给自己的下属。第二，他能够"学高为师、身正为范"，为部下做表率。通常情况下，他总能带头将工作赶到前面。有的员工很惊讶，一个领导，在技能方面甚至比员工还要好、还要熟练，这完全是靠实践磨砺出来的本领。

因此，员工都非常佩服老高，把老高当成一面镜子。

第三个高，是做人本领高，有以下几个表现。第一，老高善于沟通。现实中，老高能够抓住各种机会与下属接触，通过沟通了解工作进展、员工的心理变化等，用沟通方式帮助员工解压。第二，他能够与下属做朋友。在员工心目中，他完全不像一个领导，更像一位老大哥。第三，他善于调解各种矛盾。老高是公司里有名的调解人，哪里有问题，他就去哪里，凭借这个本领，他把自己的部门梳理得非常到位，部门内非常和谐。

凭借这"三高"，老高管理工作做得十分优秀，为自己赢得了不少赞誉。老高说："做领导就像踩高跷，要小心翼翼掌握平衡。"

抱团取暖不是一件坏事，从企业管理角度看，抱团取暖不是拉帮结派，而是一种团结的方式。有一些管理者只讲规矩，不讲团结，甚至冷酷无情。某企业有一个姓阎的主管，他曾经因为员工的一点错误而大批特批，他平时管理十分严厉，根本不讲人情，员工们背地里喊他"阎王"。这个"阎王"使用铁血管理办法，管理效果并不好，许多员工都对他有意见。与这位"阎王"相比，中行的管理就人性多了。大多数管理者都能够领悟共同利益生态圈这个概念，不仅保证了工作环境的和谐，而且确保了工作执行力。

团结就是力量，这绝对是一个真理。人本管理的先驱罗伯特·欧文说："团结就有力量和智慧，没有诚意实行平等或平等不充分，就不可能有持久而真诚的团结。"因此，对于聪明的管理者而言，团结第一，管理第二。

177

第十八章

提高攻坚能力

♡

1. 转化团队负能量

如果说员工是企业最宝贵的财富，由员工和管理者组成的团队，则是企业最重要的资源。宁高宁认为：团队像人一样，应不断进步成长，是一个生命体。团队进步的基本条件是能持续学习、反思、沟通，有自我批评的承受力和能力，团队中有不断找出自身不足的文化，这是团队成熟和自信的表现。能学习、反思的团队表现了对大目标的深刻理解和执着，具有应对困难和挫折的能力和奋斗精神。在这样的团队中，沟通的速度快，成本低；信任多，抱怨少；团队成员想到的、说到的、听到的、做到的高度统一。团队中某一个成员出现问题，对全局的影响并不太大。但如果管理者不重视团队，只重视个人力量，出了问题，没有其他人及时补上，后果将是非常严重的。管理者不仅要抓团队建设，还要转化团队中的负能量，让团队保持健康运转状态。

"问天下英雄谁与争锋，看人间豪杰非我莫属"，南方某中行个金主任老刘为开门红动员会这样写道。他用自己的诗词功底，书写着中行个金人文化。为调动开门红动员会氛围，使活动取得更好成效，从策划开门红动员会起，他就经常与小伙伴们一同加班加点，事无巨细、亲力亲为，为的就是使每个环节都尽可能合理有序又有成效。在招标环节，他亲自担任招标师，为的是充分激发参会机构的竞标热情。在对待片区分支行时，对于做得好的机构和个人，他及时在微信群里表示祝贺和赞许，对于落后的行，他及时发送指导措施和鼓励信息。点赞、送花、鼓掌、可爱的动画表情等，温暖鼓励了先进，也无形中鞭策了后进。在对待部门员工时，他也总是团结关怀，对部门员工进行积分制奖励，对于有重大特殊贡献的员工给予绩效积分并通报部门全体员工，承诺每月激励，激发员工工作积极性。在部门的微信群里，他工作之余常发送一则笑话、一个小故事，快乐一群人。

老刘常说："做工作要有功成不必在我的胸怀，要有守土有责的使命感。"在中行工作20多年，他勤勉好学，恪尽职守，以身作则，不仅打造了一支铁血团队，而且转化了团队里的负能量，赢得了领导、同事的信任和赞许，为中行事业的蓬勃发展，奉献出自己的青春，贡献出巨大的力量。

负能量是团队"杀手"，不仅影响团队的建设，还会影响团队的正常运转，管理者要谨慎对待，防止负能量泛滥。那么现实中，团队负能量有哪些呢？团队负能量主要有以下几种。第一，消极。一个团队中，可能有个别人工作不积极，他们会通过一言一行，影响整个办公室的工作气氛。管理者如果发现消极的员工，要多做思想工作，通过一定的激励手段让他们积极起来。第二，浮躁。有些员工会"眼高手低"。因此，管理者要用合适的方法使他们变得沉稳。第三，抱怨。通常抱怨是无济于事的，但员工会通过抱怨发泄自己的不满。管理者想要防止员工抱怨，需要积极做好沟通工作，把存在的问题解决掉，这样抱怨声音就会减少。第四，自卑与自负。这是两个极端。不管是自卑者，还是自负者，都应该常常自省。管理者要分清哪里对，哪里错，该鼓励的鼓励，该化解的化解，用一种人性化管理手段，让团队摆脱这两种负能量。第五，怀疑。不信任是团队中极为危险的信号，如果管理者发现员工与员工、员工与领导之间有不信任的现象存在，要及时沟通，消除这种误会，重新建立彼此的信任。第六，妒忌。个别员工戴着有色眼镜，对学历、能力均高于自己的人，会产生一种嫉妒心，长此以往，心态就会失衡。管理者要对这类人进行思想疏导，并给予他们"必胜"的信念。

当然，企业中的负能量还有很多，比如冷漠、攀比、私心重、斤斤计较等，管理者在团队建设中应逐一甄别，让团队远离负能量，健康茁壮成长。

2. 打造团队文化，引爆员工正能量

有人说："世界上没有一个完美无缺的人，但是有完美无缺的团队。"团队中，成员之间可以优势互补，取长补短，只要发挥每一个人的长处，就能形成一种"1 + 1 > 2"的优势局面。团队是一个集体，需要每一名成员去努力并发挥能量。

很多人都知道三个和尚没水喝的故事，现实中，这样的事情也不少。

团队是一个高度组织的、有共同目标和愿景的利益共同体。有朋友会产生疑问："团队中，难道只有利益吗？"如果把团队看成一堵墙，利益至少是砖头与砖头之间的水泥。笔者认为，如果没有利益，团队成员是不会聚到一起的。

一个优秀的团队有几个特征，能够凸显这些特征，就是打造团队文化、引爆员工正能量的关键所在。笔者认为，中层管理者要从以下几个方

面入手，来打造团队文化。

第一，明确目标。

目标是一个团队前进的动力，没有目标的团队只是一个普通组织。管理者打造团队，首先要明确目标，给出大家努力的方向。笔者认为，没有目标的团队，只是一群人在一起混日子罢了。

第二，培养技能。

团队就像是一个机械手表的机芯，里面每个齿轮都在运转，这些齿轮就是员工，员工想让自己运转起来，就需要技能。只有所有人都发挥自己的技能，才能让团队运转良好，员工技能越高，团队运转速度就越快。因此，管理者要想办法提高员工的各种技能，尤其是核心技能。

第三，相互信任。

信任是人与人建立友谊的桥梁，也是真诚沟通的前提。奥尔巴赫说："不相信任何人的人知道自己无信用。"一个团队，如果没有信任做基础，成员各自为政，那就是一盘散沙而已。因此，管理者要加强这方面的教育和沟通，让员工敞开心扉，接纳自己的伙伴。

第四，树立信念。

个人有个人的信念，团队有团队的信念。一名管理者，要给团队成员注入一种信念，只要大家劲儿往一处使，就能拉动团队，完成组织交代的任务。

第五，树立标杆。

每一个企业都会评选出劳动模范、标兵或者先进能手等，一是为了对表现突出者鼓励和嘉奖；二是为了树立榜样，让大家向其学习。中层领导需要做两件事：表彰优秀，让优秀的人带动其他人变得更加优秀；身先士卒，自己当劳模，树立良好形象，让员工跟着自己一起前进。标杆的作用是积极有效的，管理者要打造标杆文化，完善团队建设。

另外，中层要给团队足够的支持和理解，不要盲目扩大或者缩小团队，更不要采取非人性的管理手段去打造团队……团队是一个以利开头、以情收尾的组织，中层要把它当成一个孩子，只有小心呵护它，才能让它趋于完善。

3. 注重细节：好管理从细节做起

几年前，有一个朋友向笔者诉苦："现在的团队真难带，员工的脾气比领导都大，尤其是那些刺儿头，根本不听从指挥。"这位朋友在酒店做管理工作。他每天早晨让员工列队集合，先是喊口号，然后布置当日的服务内容和注意事项，最后喊口号结束晨会。他的管理非常严苛，许多员工都怕他。笔者的这位朋友在管理上虽然有点框架，但仅仅是"徒有其表"而已：大面上抓好了，细节上抓不住。沟通工作做得不到位，布置任务也是用一种"训导"的口气，让下属感到非常不舒服。

笔者问了他三个问题。第一个问题：你与员工发生过冲突吗？他的回答是经常发生冲突。第二个问题：你赞美过自己的员工吗？他回答："偶尔表扬一下，大多数用命令和批评代替表扬。"第三个问题：你是否进行过有效授权呢？他回答："如果把权力放出去，还能收回来吗？"通过这三个问题笔者找到许多管理症结：沟通不畅、没有容忍度、不善赞美、喜欢发号施令、抓着权力不放。不注意管理细节，单纯依靠命令和口号是无法带领团队的。后来，这个朋友换了一种管理思路，更加注重沟通与管理细节，团队的成绩也有了明显改善。

好管理从细节开始做起。古人说："不矜细行，终累大德。"中层只有重视细节，才能弥补管理上的漏洞。美国花旗银行是世界上非常成功的银行，这个银行奉行细节管理之道，从管理，到待客，再到团队，点滴之处，都体现出这种优势。粗放式的管理，则无法体现出优越性。京瓷创始人稻盛和夫认为：成功需要敏锐的大脑和柔软的内心，与此同时，需要用眼睛、鼻子、手、耳朵等全方位感受、觉知，才能将潜力发挥出来。管理的学问与自我发掘潜能的学问有异曲同工之妙，重视细节管理的"大管家"，总能将团队带到极致，看上去就有一种气魄和凝聚力。

那么团队管理中，管理者要重视哪些细节呢？简单归纳起来，有以下几项。

第一，管理者要把姿态放平，不要认为自己高人一等，要与其他员工一起工作，要贡献出榜样的力量，让所有人感受到，管理者同样是一个用心工作的普通人。

第二，分配任务，一定要符合实际，不要把攀登珠穆朗玛峰的任务交给一个没爬过山的人。任务如果过难，完成不了，将会严重挫伤员工的积极性。

第三，工作仅仅是员工生活中的一部分，管理者要适当给员工解压，并赋予其"生活高于一切"的理念。要让员工劳逸结合，既会工作，又会生活。在团队中融入生活的氛围，就会给员工带来归属感，把团队变成一个家庭。

第四，常怀感恩之心，把员工当作团队中最不可缺少的力量。只有这样，管理者才能尊重员工，信任员工。管理者感恩员工，员工也会感恩管理者。这是一种汲取力量的重要方式，也是发展壮大团队的方式。

第五，适当授权，让每一名员工手里都有处理事情的权力。这会让员工拥有一定的自由和空间，更容易发挥潜能。管理者与其做"珍惜"权力的管理者，倒不如将一些权力交给员工，让他们替自己保存，这种方式反倒能带来意想不到的效果。

其实，团队管理的细节还有很多，笔者在此不一一赘述。"细"从何处来呢？细源自管理者养成的认真、缜密的好习惯。中层管理者只有注重管理细节，才能使团队更加牢固、更加有凝聚力。

4. 允许犯错：注入创新精神

有些人害怕犯错，不敢面对犯错的后果；有些人不允许犯错，因此做事十分保守，不敢前进一步；有的人犯错后不及时进行反思、纠正，在错误的道路上越走越远。虽然犯错不是一件好事，但是人人都可能犯错。纵观人的一生，可能犯过许多大大小小的错。世界上没有不犯错、完美的人，那些不允许他人犯错，自己却在犯错的管理者，应该多做自我批评，多想想是不是要求过于严格了。

有一个软件公司，公司里有一个 X 团队负责研发各种 App（应用程序），这个 X 团队的管理者叫小吴，是一个"海归80后"，他曾经参与多个知名 App 开发，在业界小有名气。X 团队也是由一群年轻人组成的，成员平均年龄只有29岁。

小吴说："X 团队成员来自五湖四海，能够聚在一起，便是一种缘分。我们的团队是做创新研发的，一个新程序来自一万次错误尝试，如果没有这些错误尝试，也就没有这些创新 App。"小吴的话很有道理，事实上，爱迪生也是一个从"失败"和"错误"的废墟中走出来的伟大发明者。想要创新，必然要尝试，尝试就有可能犯错。有的人担心错误越攒越多，结果浅尝辄止；有的人坚持下来，虽然犯过一些错误，却也蹚出来一条路。小吴作为团队带头人，给团队中的每一名成员传达了一个理念：去犯错吧，总有做对的时候。

有一次，这个团队在全力冲锋的时候再次出现错误，这样的结果对全体成员的积极性造成了不小的打击。小吴看着成员们垂头丧气、情绪低落，于是邀请大家去吃饭看电影。他们重温了经典励志片《肖申克的救赎》，成员也通过这样的聚会，再次找回了自信和勇气。第二天，这个团队在小吴的带领下再次发起攻关，终于克服了困难，取得了巨大成功。他们研发的 App 一经投放市场，便引起了轰动。小吴的 X 团队也成了业界明星团队，许多大公司想要高薪聘请小吴以及他的整个 X 团队。

有时犯错是为了创新、改革。所以，中层管理者在管理团队时，要提高自己的认识。创新者摸着石头过河可能因为湍急的"水流"而丧失信心，也有可能在几次错误的尝试下，慢慢找到成功的路线，一举上岸。笔者记得中行有位老领导在某次会议中说："很多人都在犯错，有的人是漫无目的、不假思索犯错，有的人是有目的、敢于在思考与尝试的基础上犯错，两者是有区别的。银行面临转型，在转型与改革的过程中可能会犯错。如果不敢犯错，船头无法掉转，依旧是死路一条。"因此，管理者要敢于犯错，而且要允许团队成员为了尝试创新而去犯错。管理者允许自己犯错，不允许别人犯错，是一种狭隘的管理主义；不允许自己犯错，允许别人犯错，则是一个成熟管理者应该具有的精神。

哲学家西塞罗认为：每个人都会犯错，但是，只有愚人才会执过不改。想必一个成熟的团队中，不会有傻瓜。从管理角度看，犯错是一种管理成本，有成本、有代价的管理，才是一种真正的管理。那些担心犯错给老板造成损失的中层管理者，恐怕只能止步不前，而不能亲自体验一把参与创新的浪漫和快感。

5. 携手同行：做最坚实的后盾

笔者认为，是否有担当、有作为，是衡量一名管理者管理素质的要素。现实中，会有一些不和谐的声音，如某领导让员工背黑锅，自己把责任撇得一干二净。这样的领导，表面上看是一个聪明人，实际上愚蠢之极。丘吉尔说："高尚、伟大的代价就是责任。"管理者没有责任心，不能为员工撑起一片绿荫，又怎么能服众呢？

个金业务的发展需要激发团队的力量，中行某支行的小刘，通过开展"旺季开门红""手拉手先进宣讲""凝聚团队力量、投身二次创业"等多种形式的走访宣讲、"头脑风暴"、竞赛评比，在不断激发个金部员工的工作激情的同时，有效提升了支行与网点的团队协作力和员工执行力。她还努力造势，打造"管理标杆、营销标杆、项目标杆、产品标杆"，营造向标杆看齐、向先进学习的氛围。

小刘建立个金部内部的团队考核机制，落实指标管理制度，明确市行个金部与支行、网点是同一阵地上的战友，业务发展不好，个金部要主动承担责任。她还将各团队考核与各指标完成情况挂钩，引领大家树信心、找方法、迎头赶上。

小刘还对支行、网点的合理需求及时处理，百分百支持支行、网点工作，对于支行、网点没有提出来，但是普遍存在的问题与需求，更设法解决、竭力满足。对于支行挖掘的好项目、好思路，个金部不仅提供专业指导，更是一起参与营销。

小刘坚持定期参加网点周会、召开客户经理例会，及时了解网点最新动态，掌握网点业务需求，从而及时调整方案，以适应新的市场要求。在网点走访过程中，她发现二手房成交量较上一年度翻了番，但本行的二手房贷款投放量占比极低。为提高市场占有率，她走访各大中介机构，了解同业政策及中介的真实需求，并及时对本行的二手房贷款政策进行调整，使本行二手房贷款业务占比迅速提升5个百分点。

因为这种扎实的、任劳任怨的、敢于承担责任的工作精神，她被评选为劳动模范，为中行树立了好形象。

职场里，真正缺少的就是与员工同心同德、同舟共济的领导。笔者记得有一个中层，明明是自己把关不严，最后一点儿都不承担责任，并且责备下属："你为何这么不细心，多审核一遍，还能犯这样的低级错误？"这位员工颇感委屈，并向朋友诉苦："虽然我也有错，但把关人不是他吗？他如果细心一点，就不会出现这样的错误。"这类推卸责任的领导，总会给人一种不好的印象，如果这类领导还能够占据主要的管理岗位，就需要高层管理者深思了。优秀的中层，要有责任感、集体主义精神、胸怀以及牺牲精神。

美国前总统林肯说："每一个人都应该有这样的信心，人所能负的责任，我必能负；人所不能负的责任，我亦能负。如此，你才能磨炼自己，求得更高的知识而进入更高的境界。"中层有责任、有担当，在员工中间，就会有地位。中层还要以身作则，在员工心目中树立起标杆。只有将担当与作为结合在一起，才能为企业、团队、员工保驾护航，才能成为一名优秀的中层。